osvaldo cibils

corchete que abre
guión guión
corchete que cierra

(libro de acción artística con colores
sin letras con colores de resalte)

autopublicación

corchete que abre guión guión corchete que cierra

(libro de acción artística con colores sin letras con colores de resalte)
© osvaldo cibils

ISBN 978-1-4709-6787-1

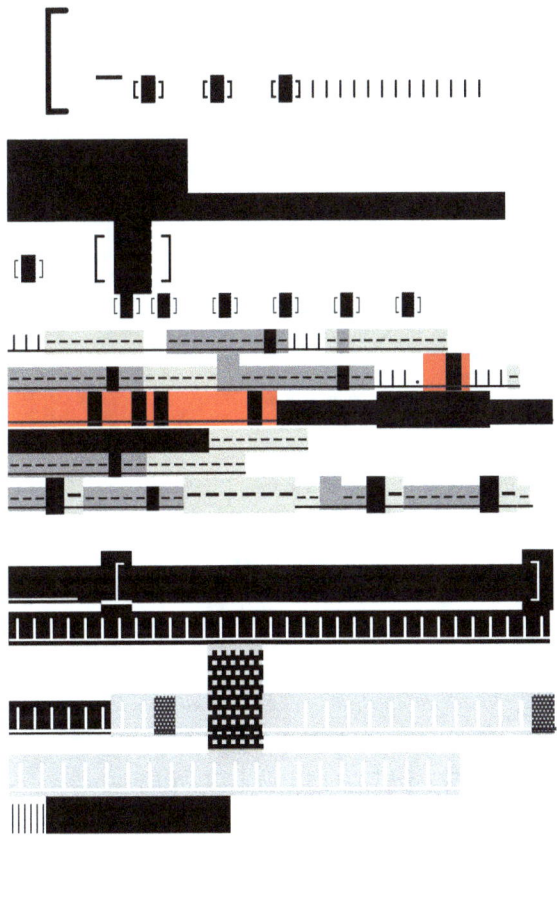

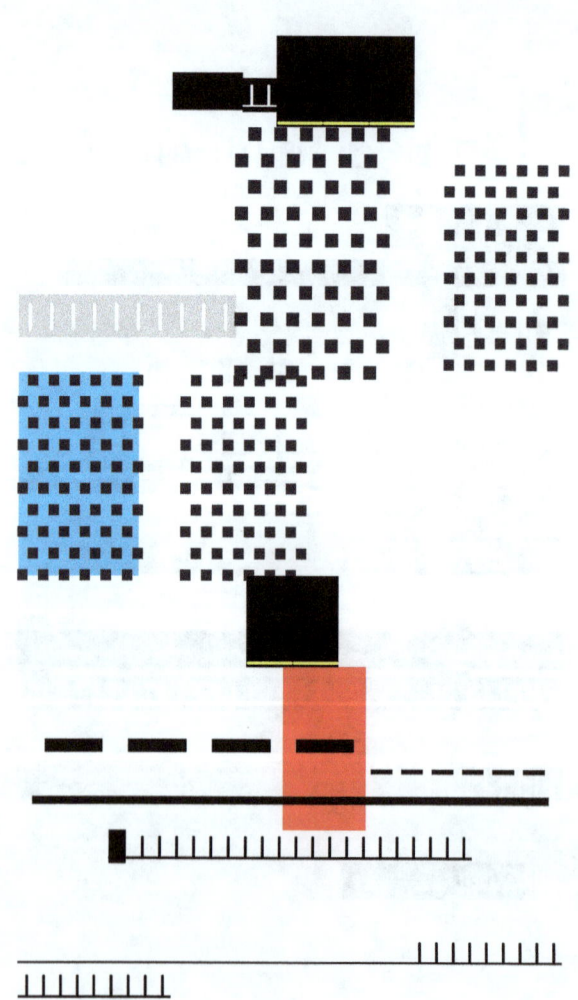

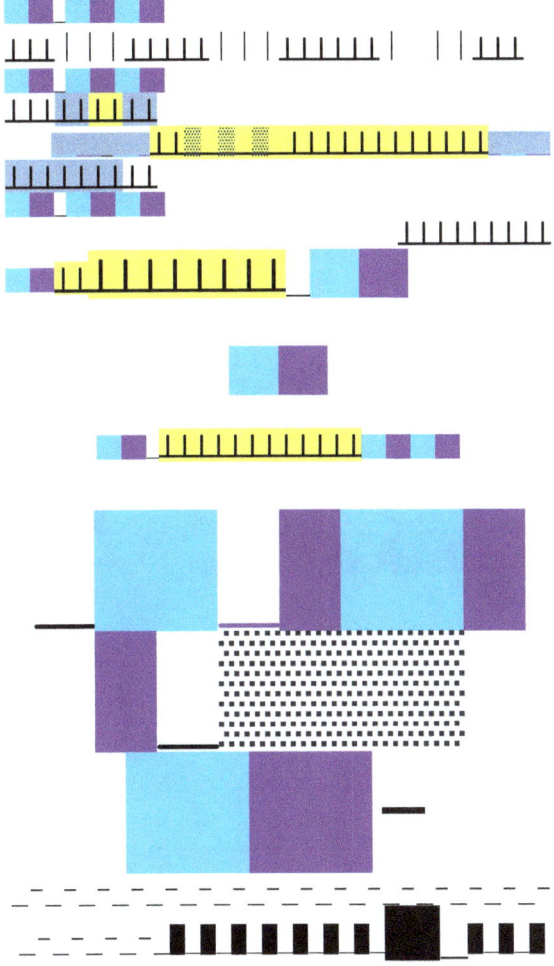

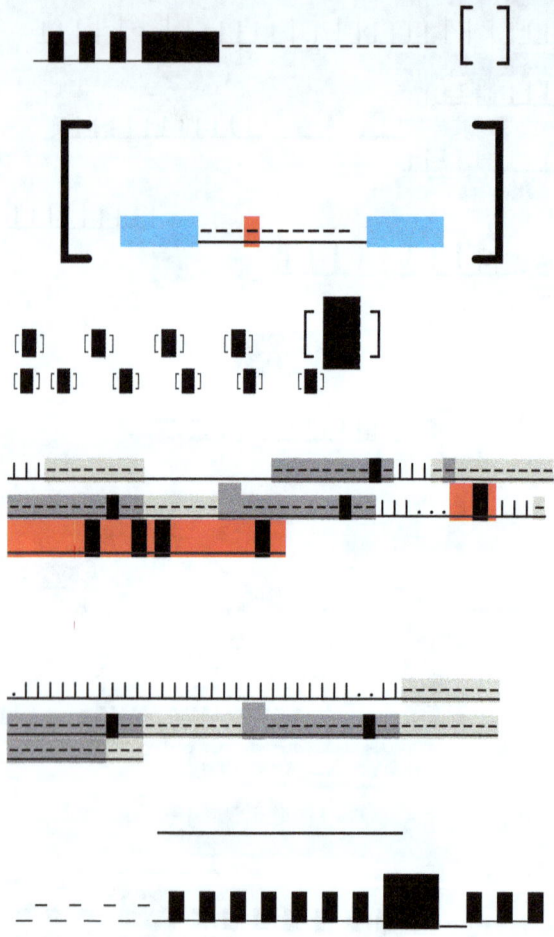

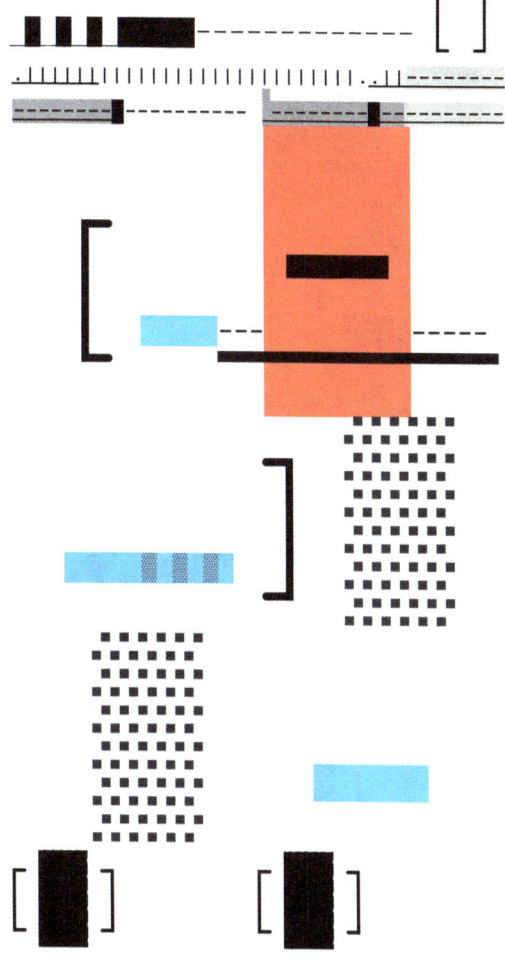

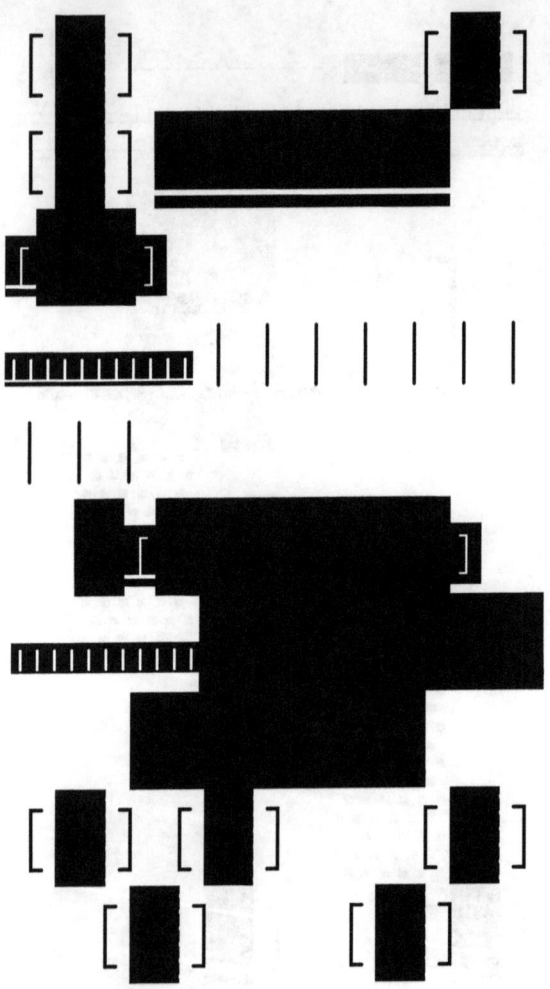

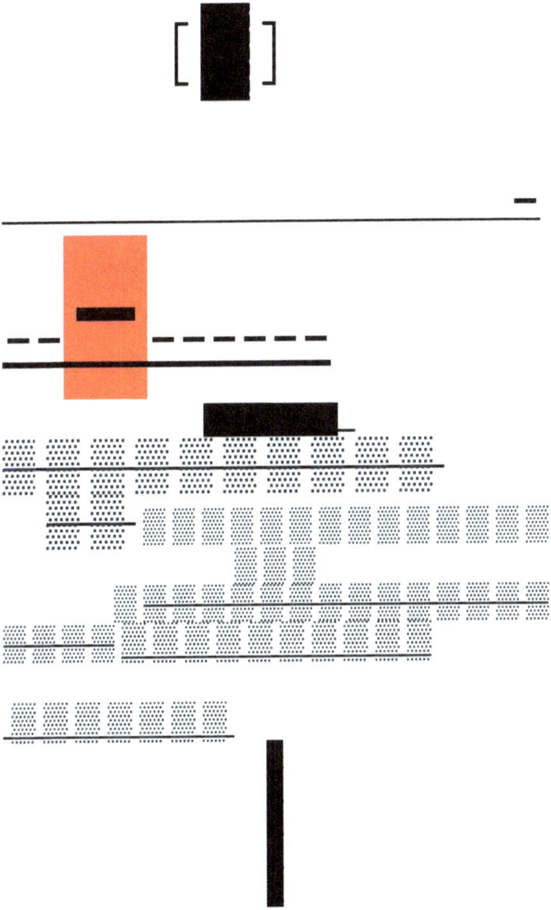

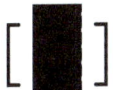

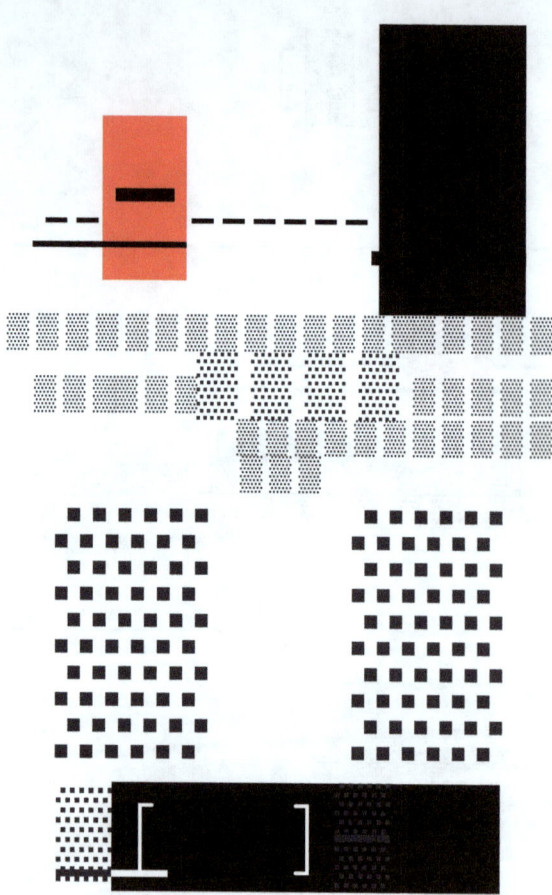

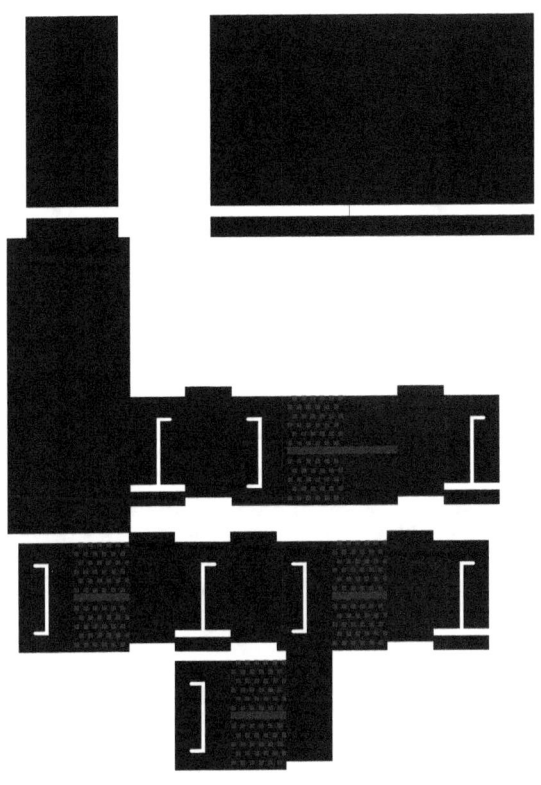

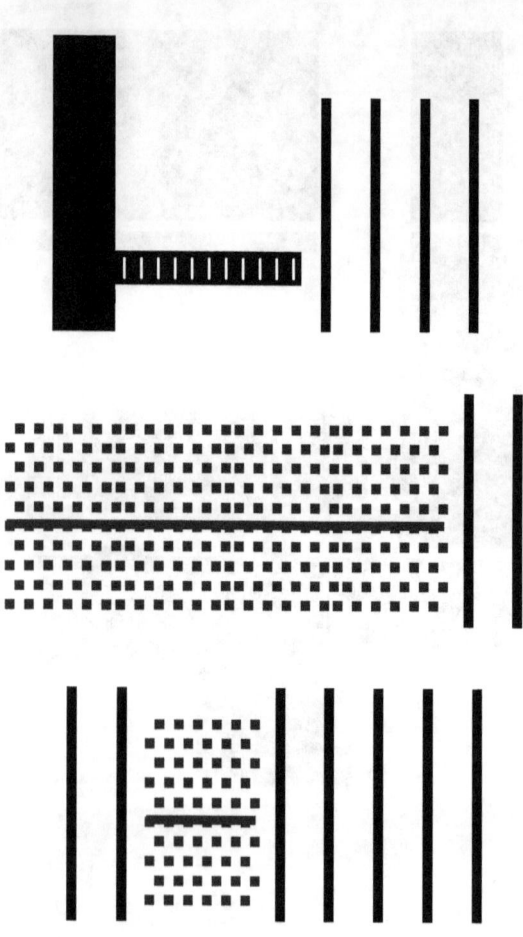

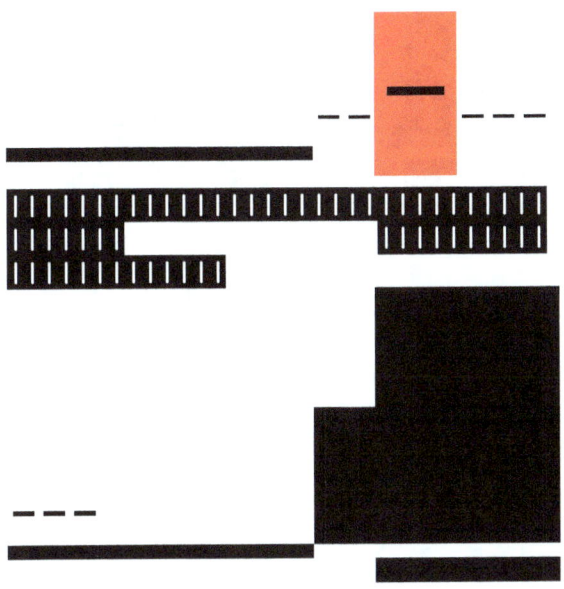

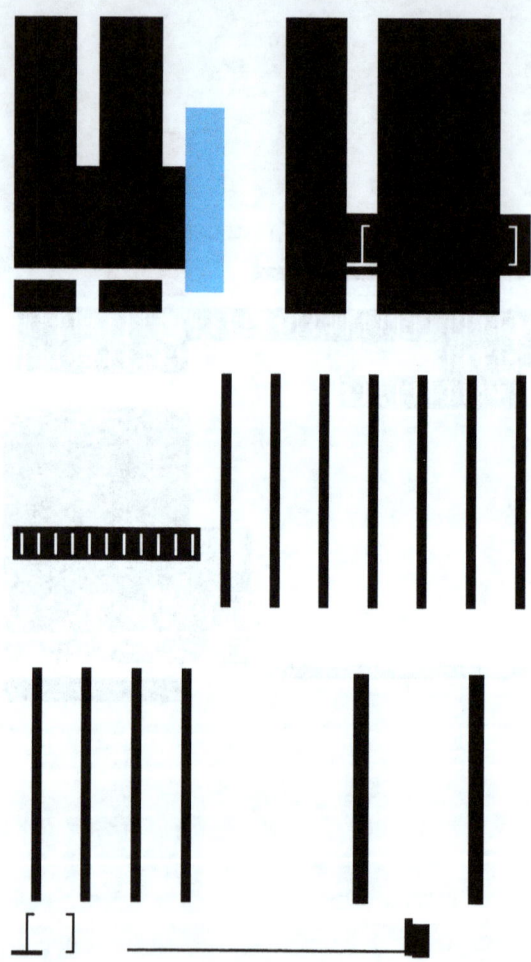

18

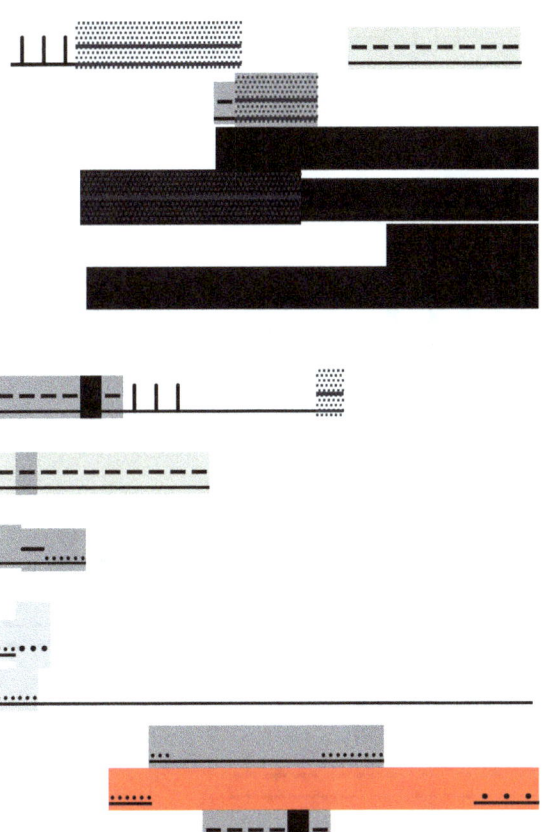

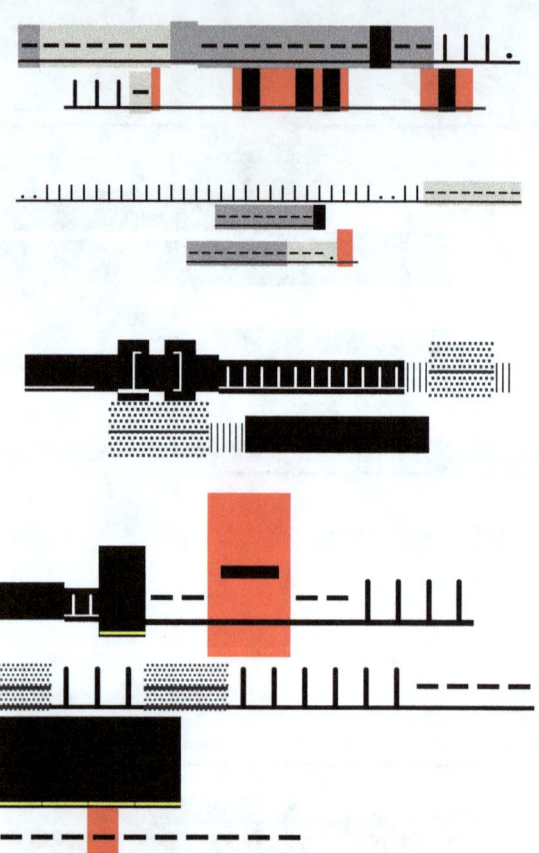

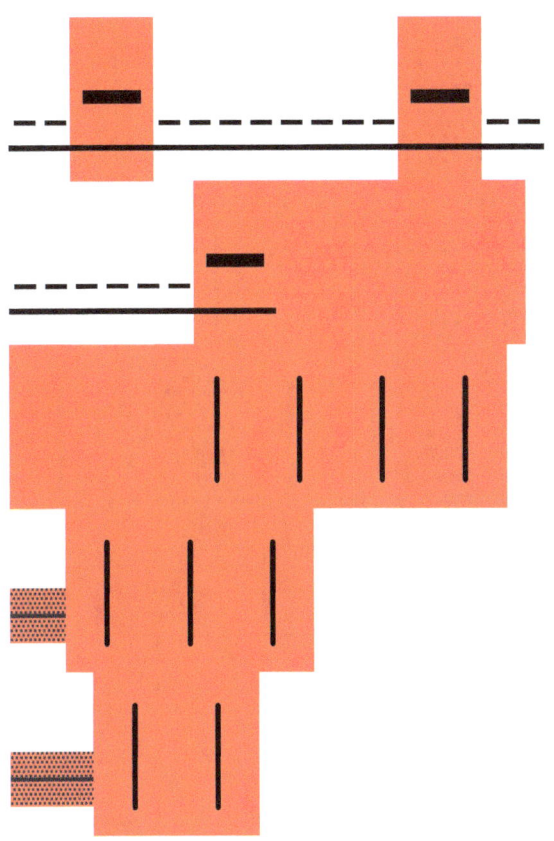

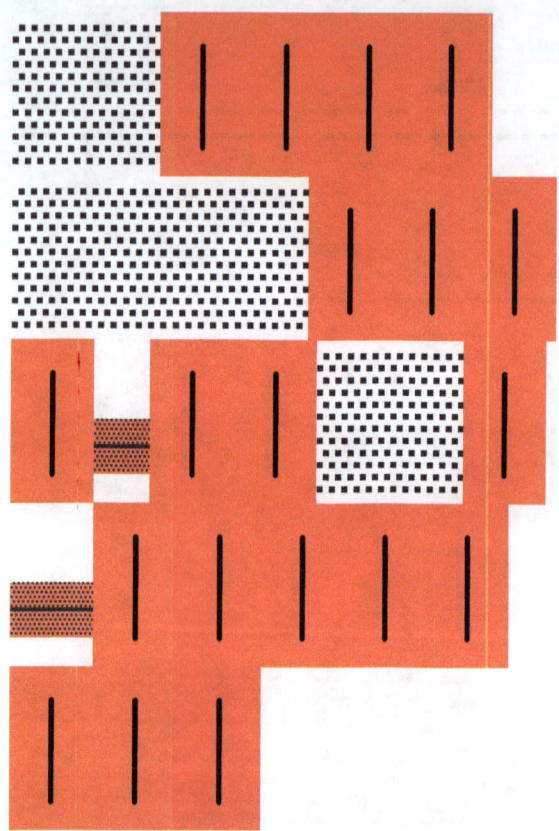

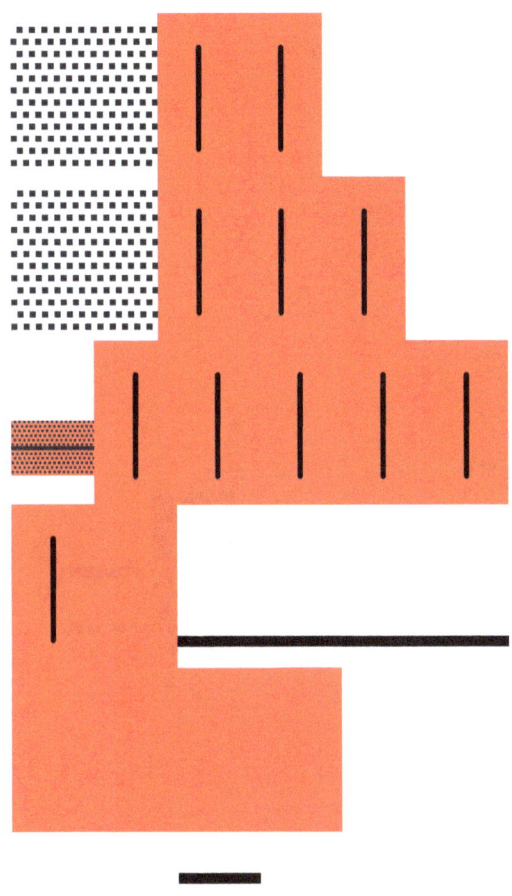

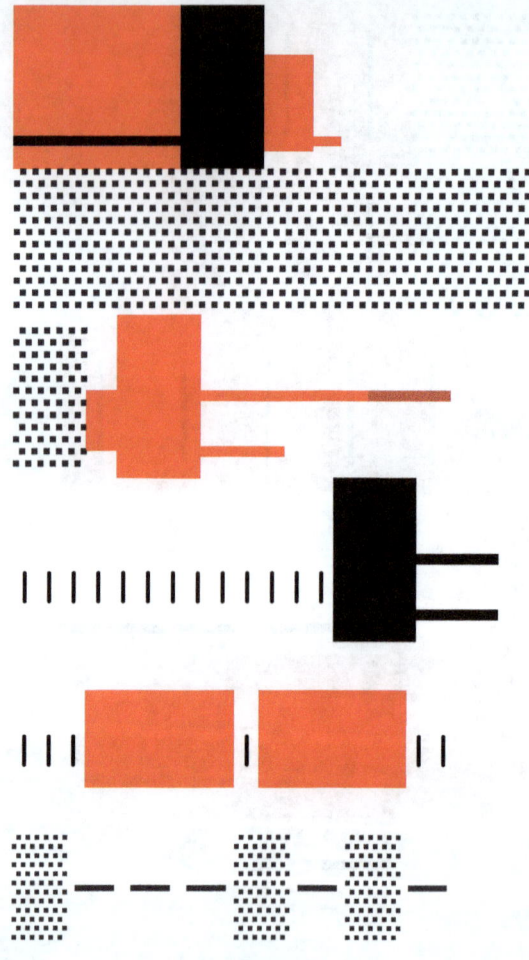

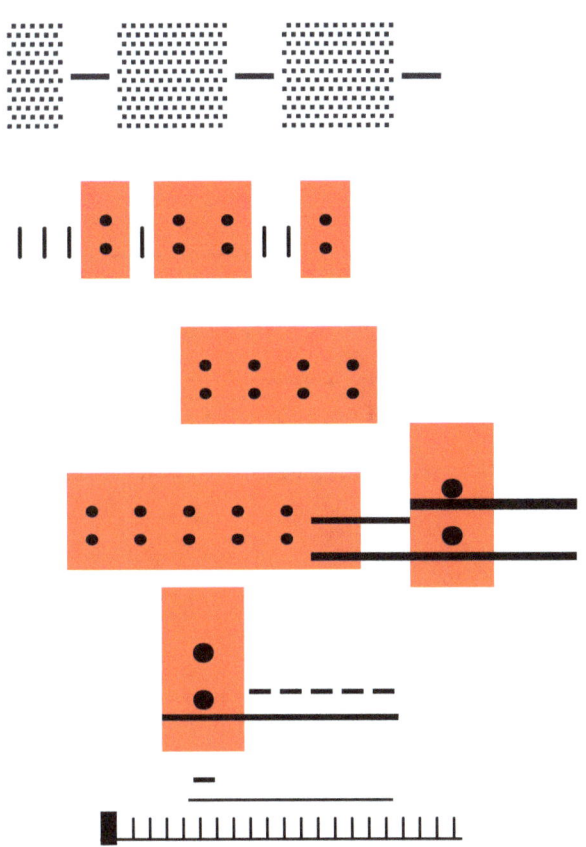

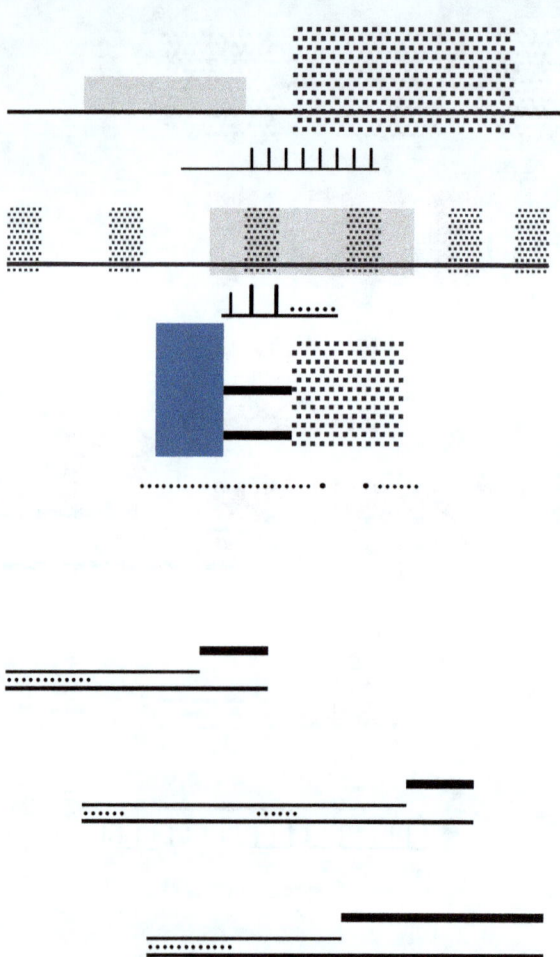

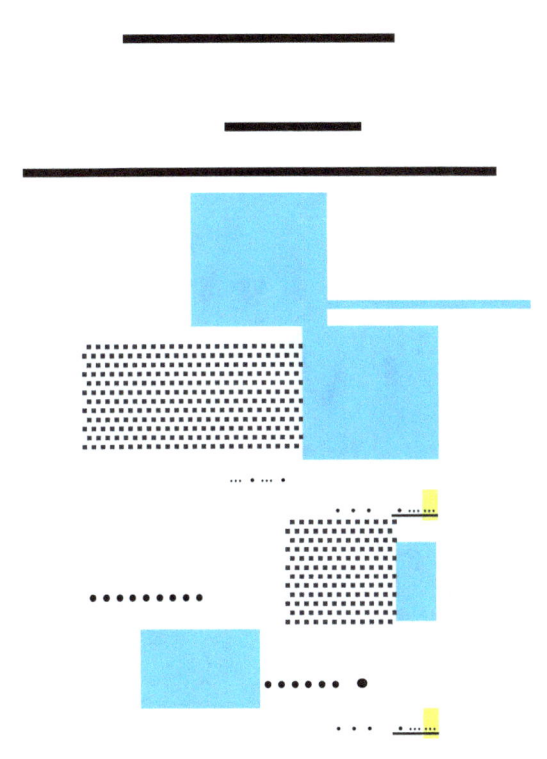

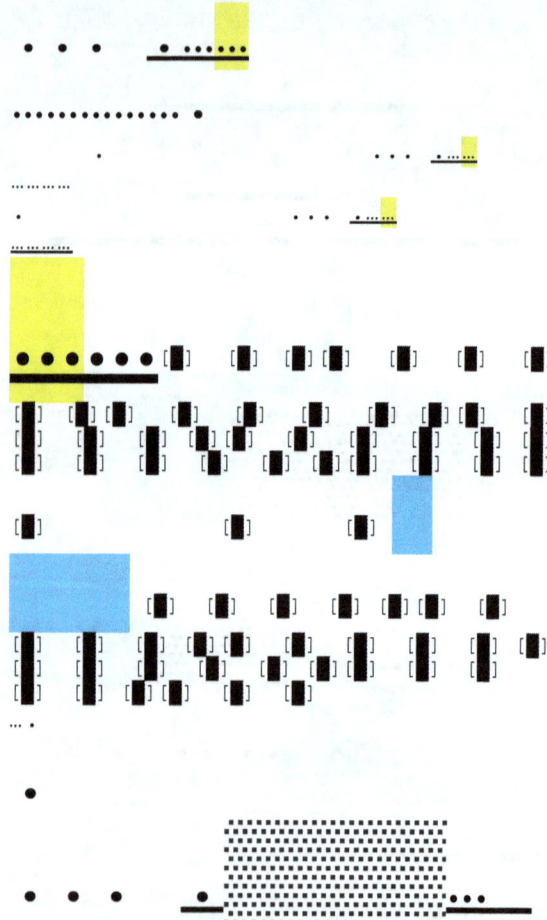

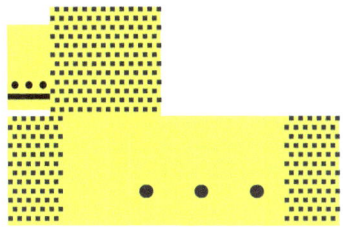

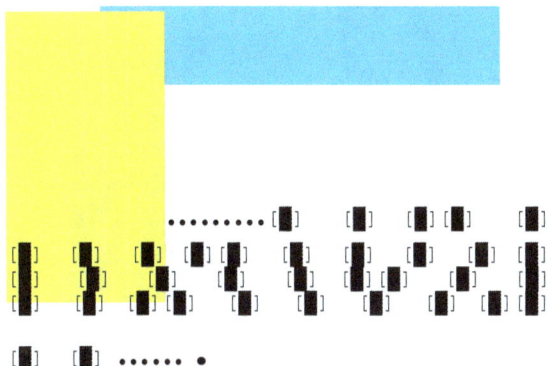

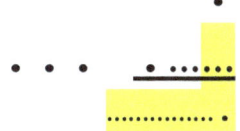

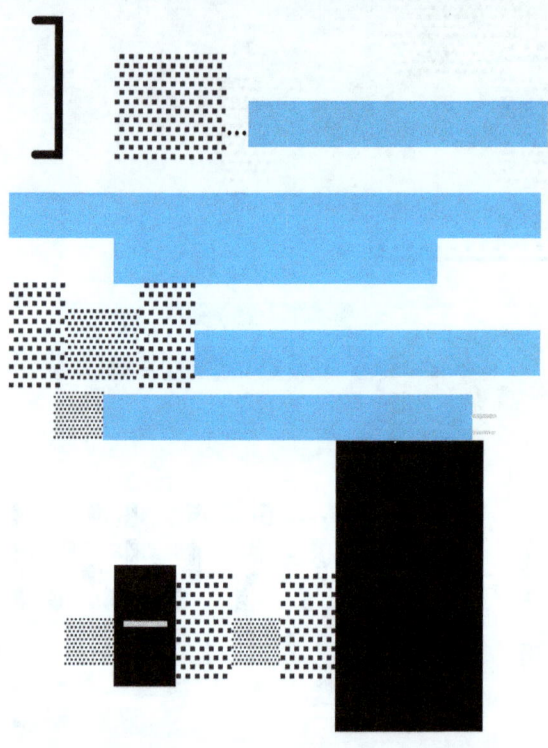

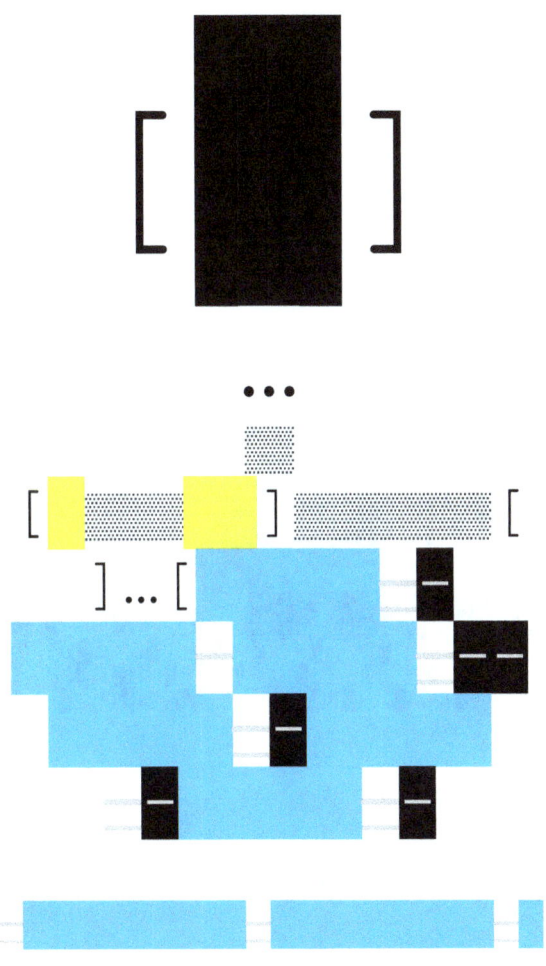

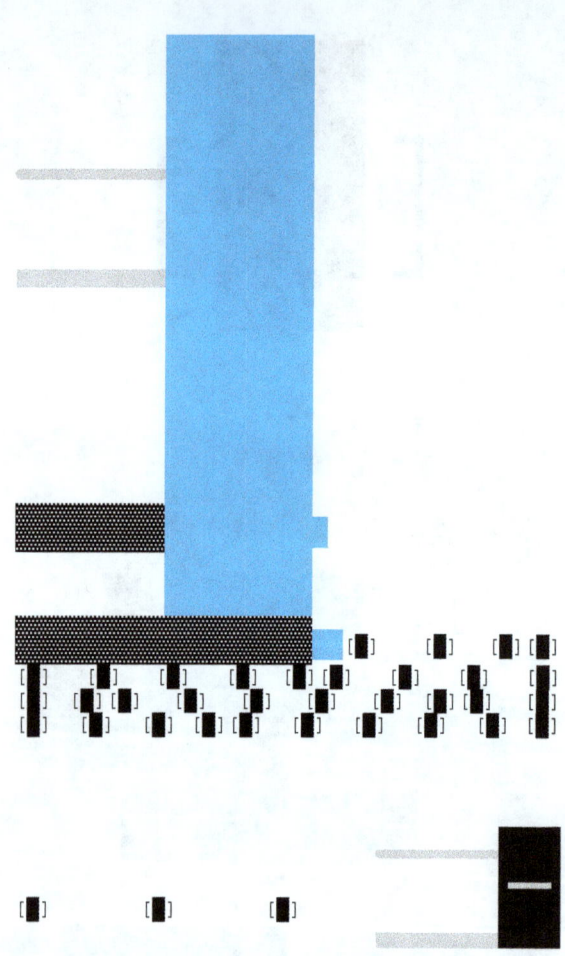

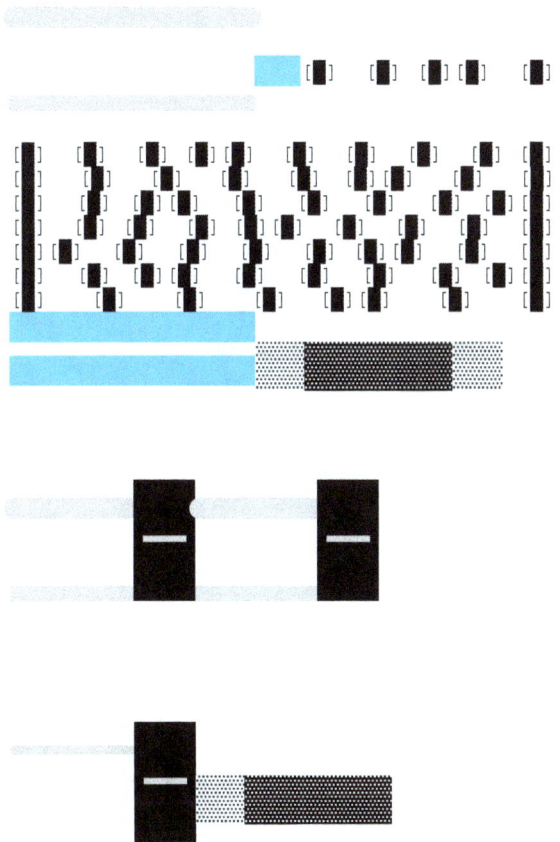

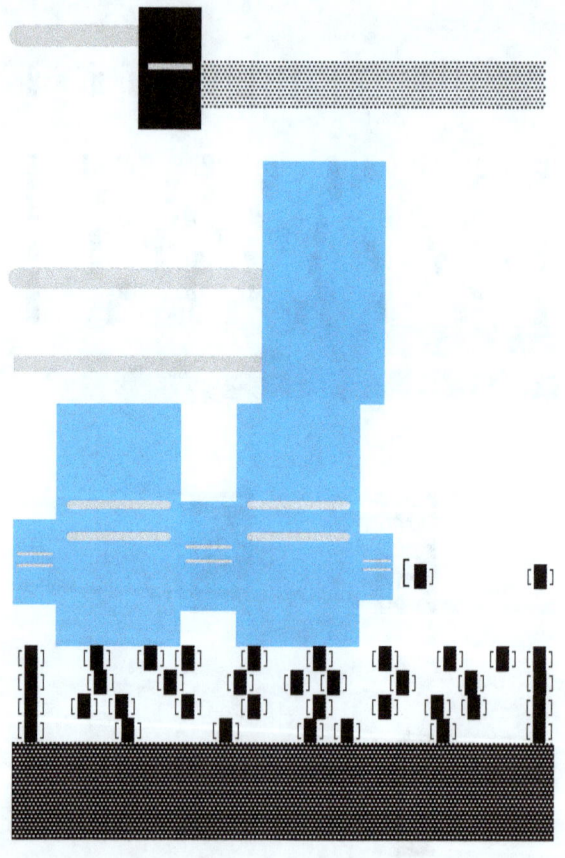

34

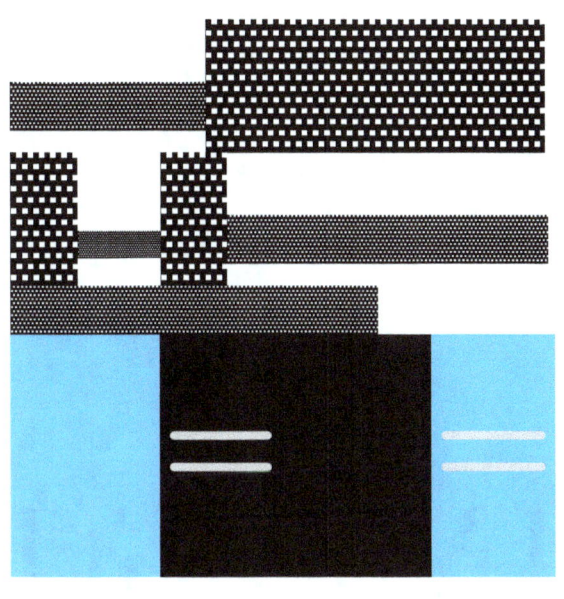

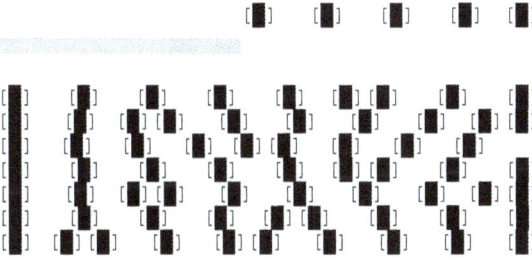

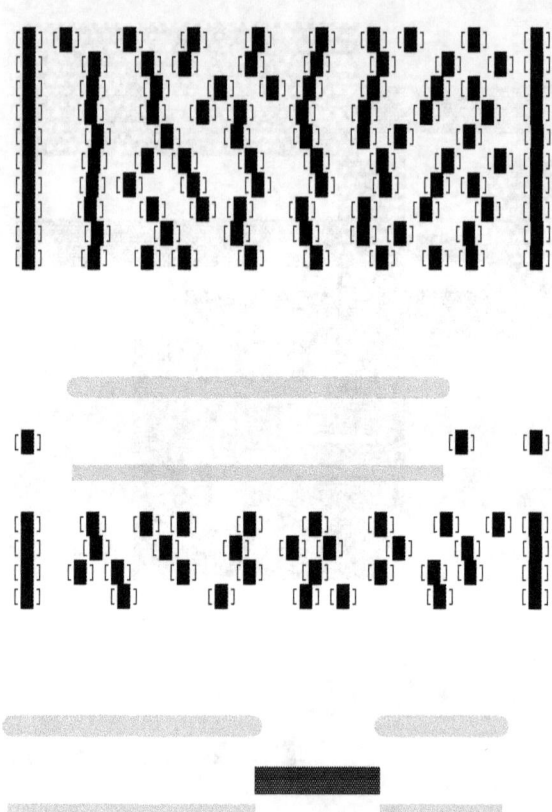

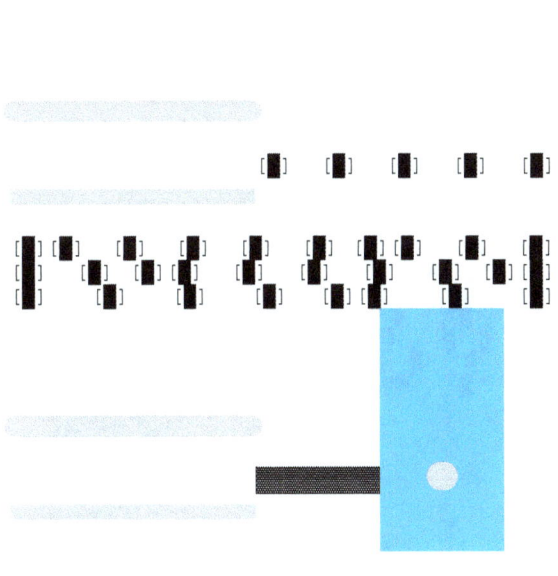

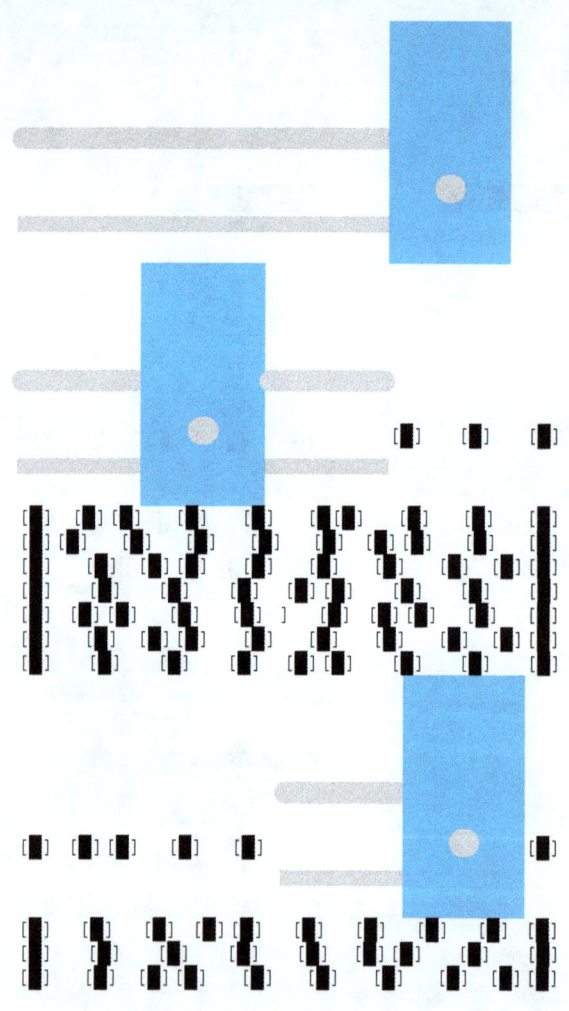

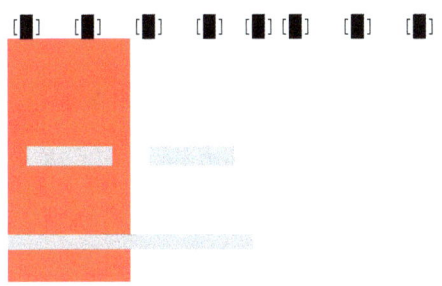

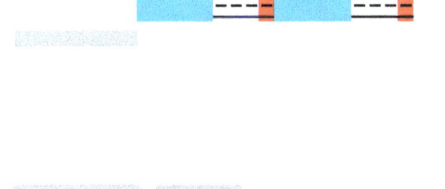

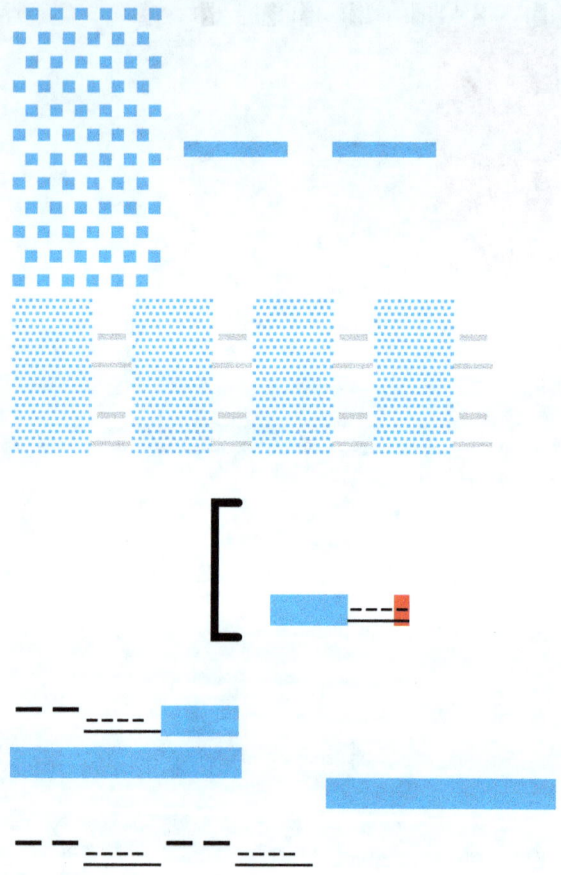

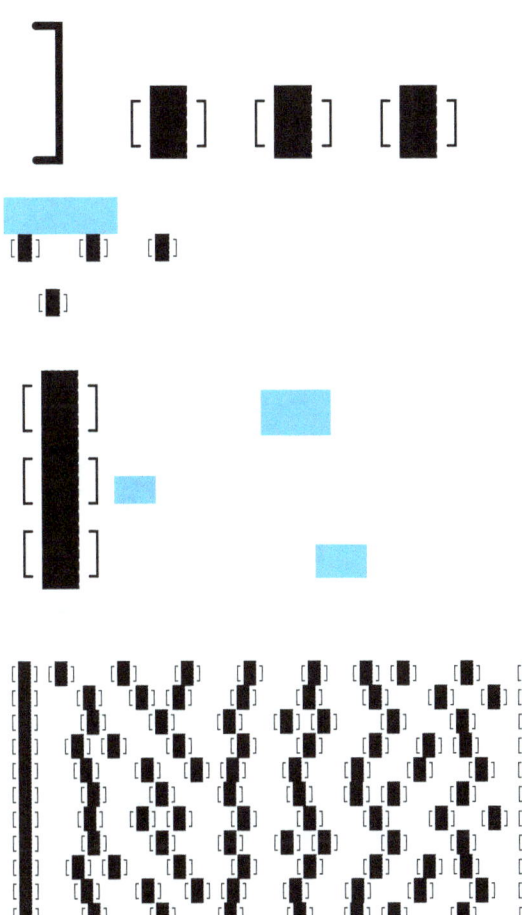

41

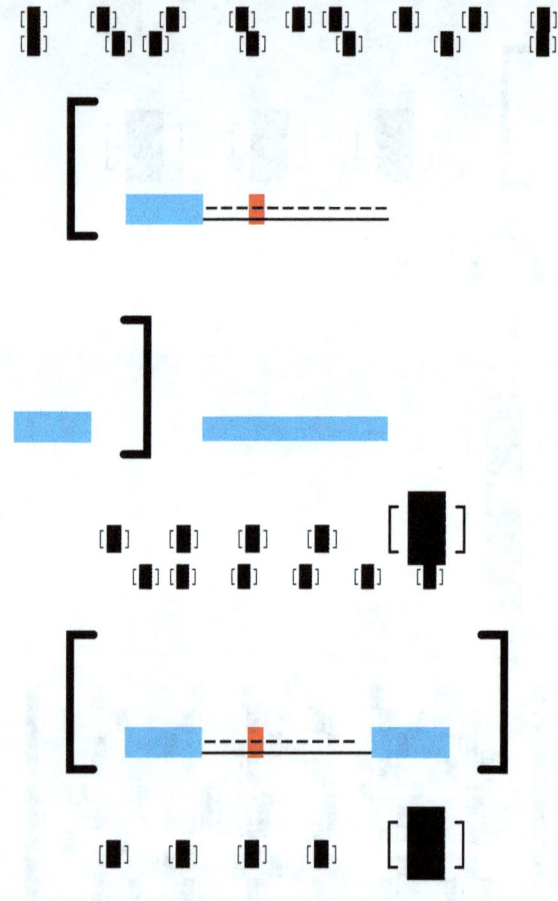

42

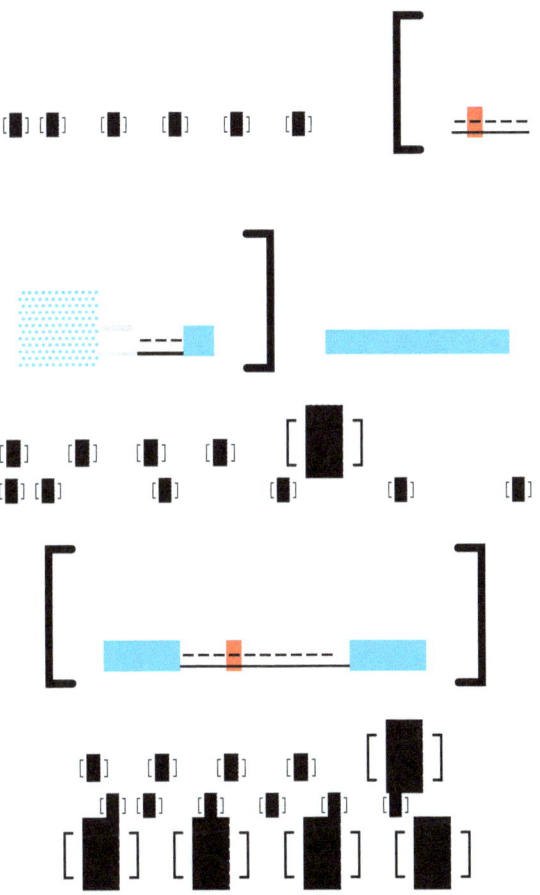

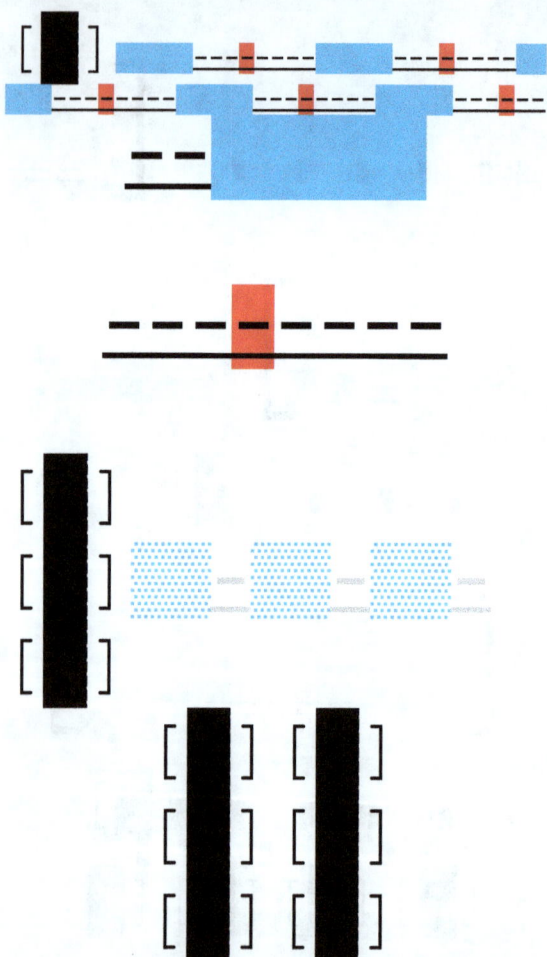

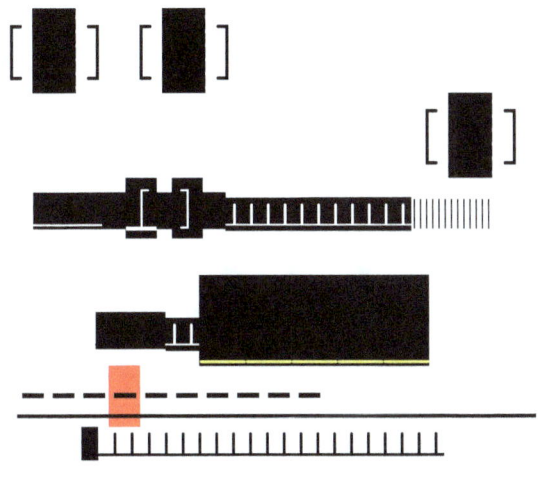

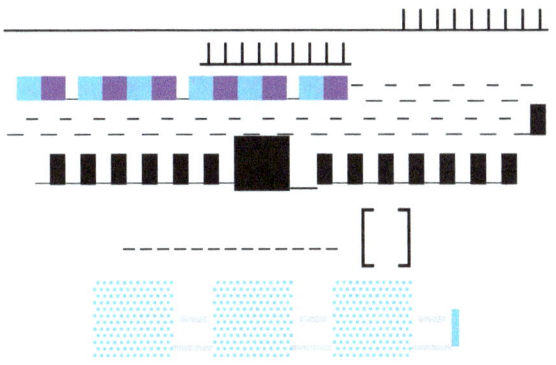

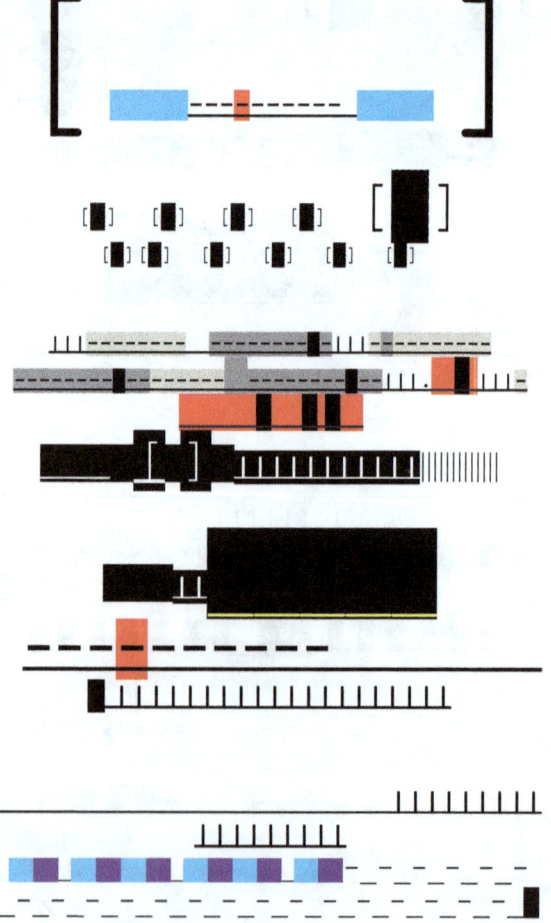

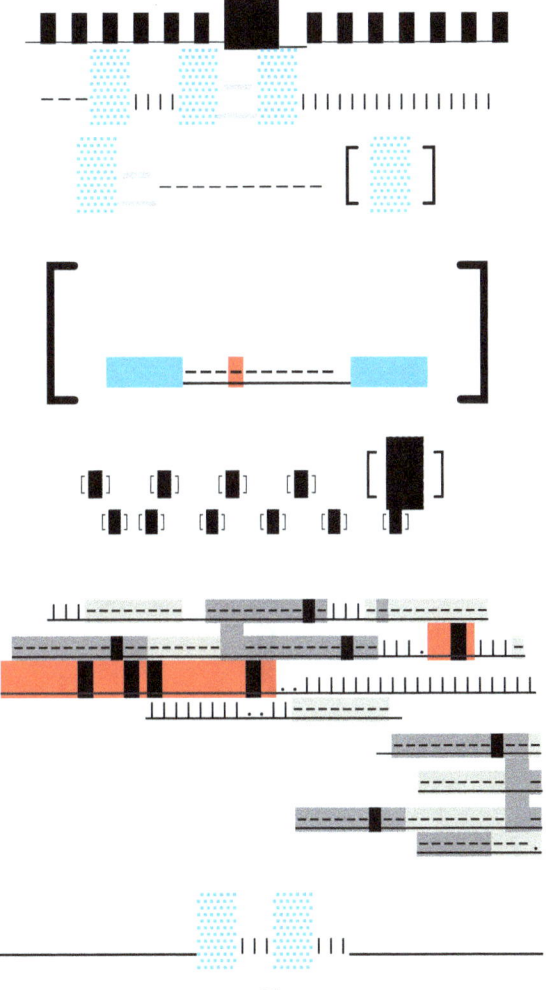

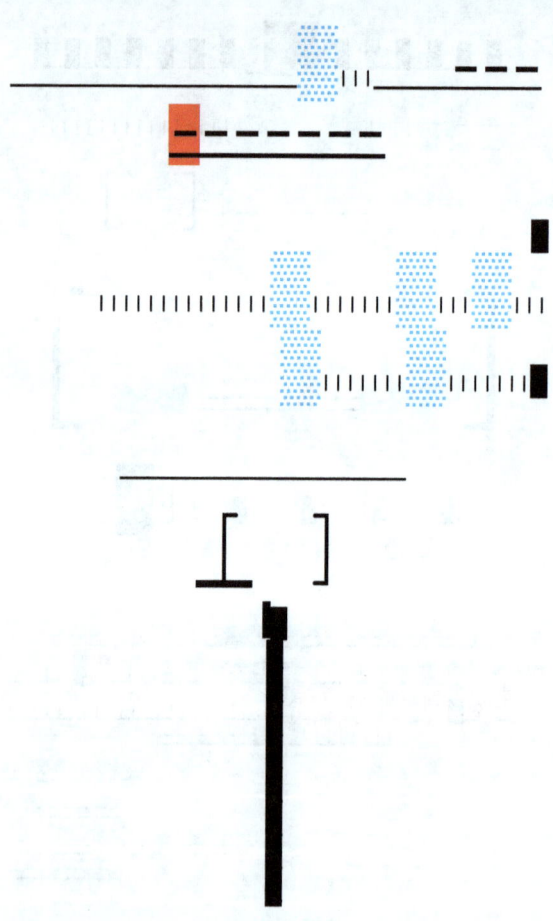

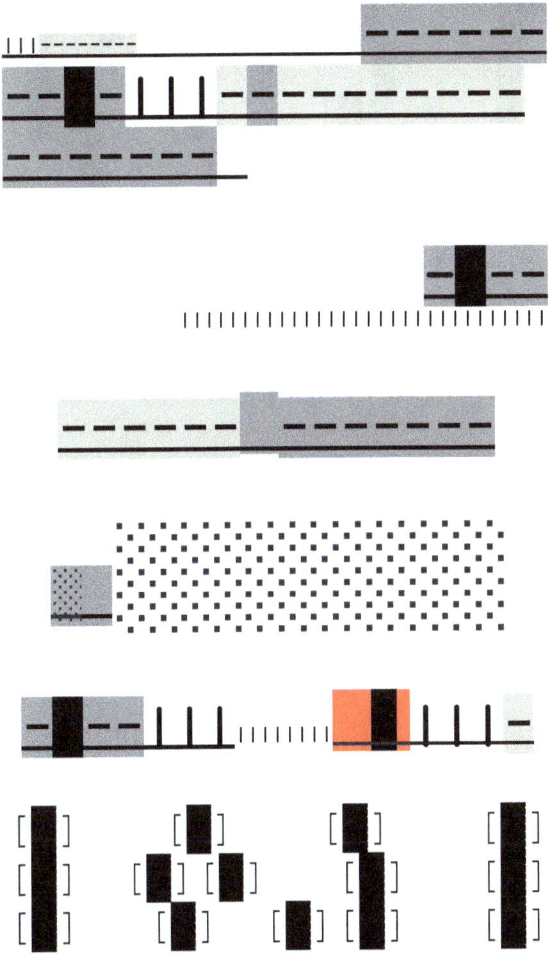

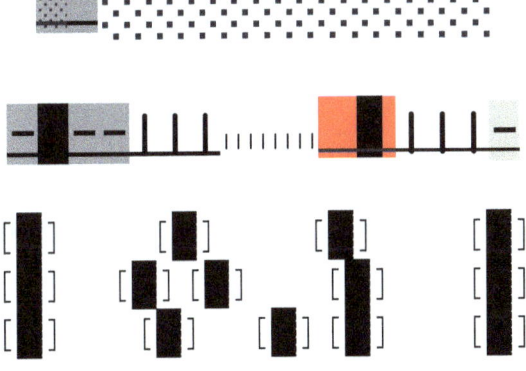

49

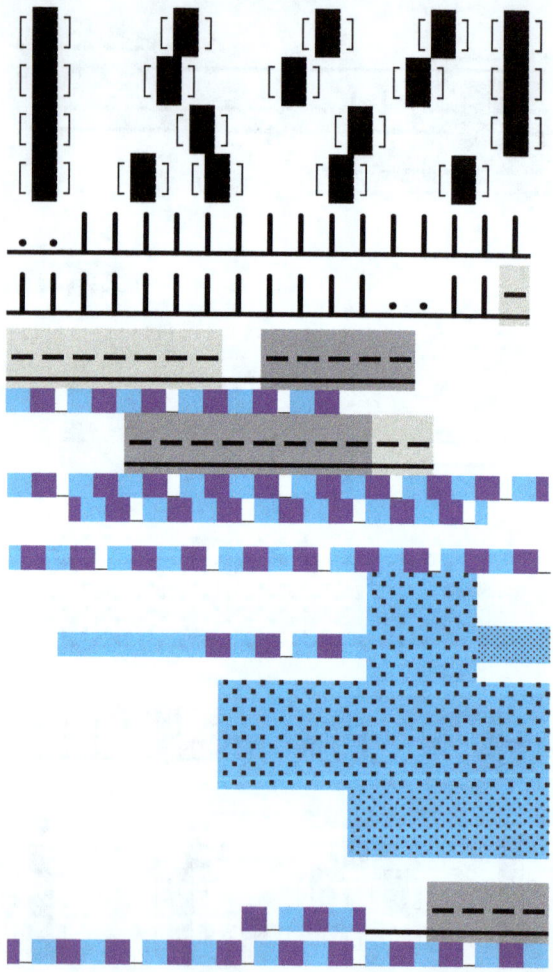

50

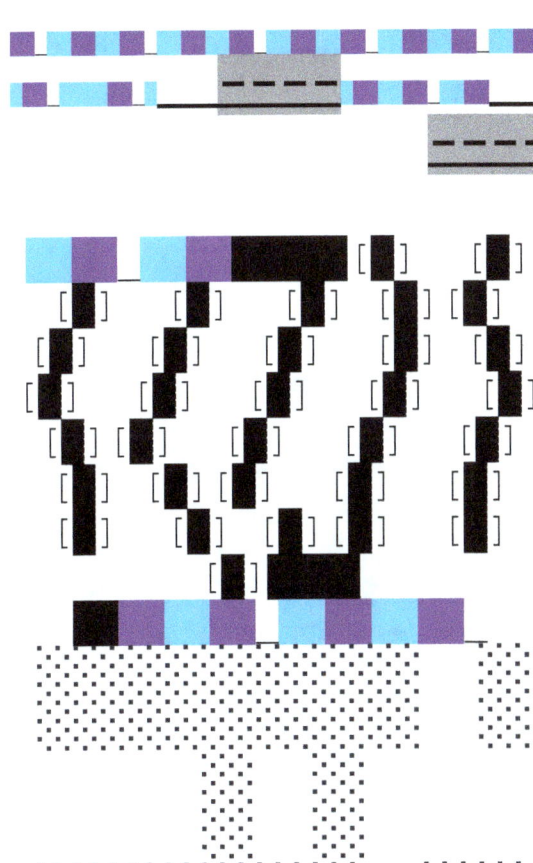

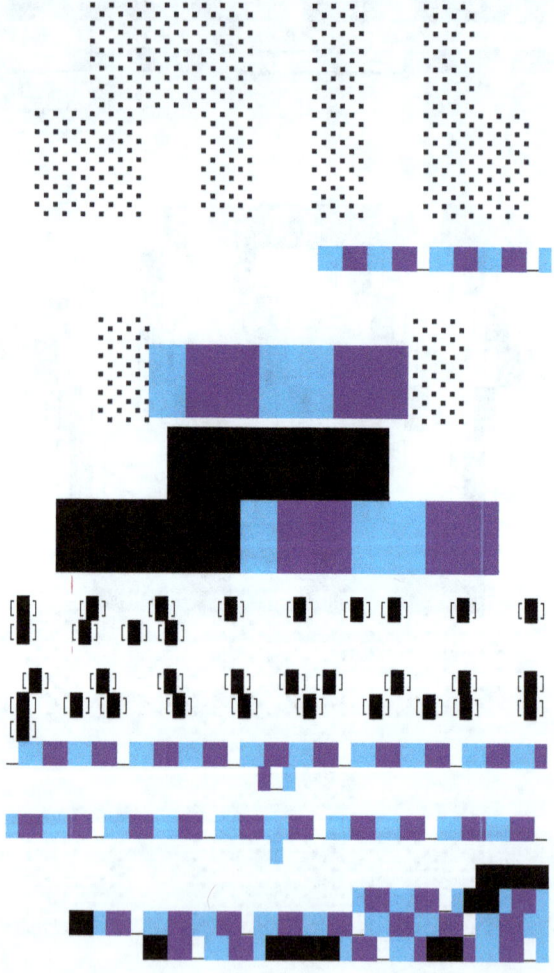

52

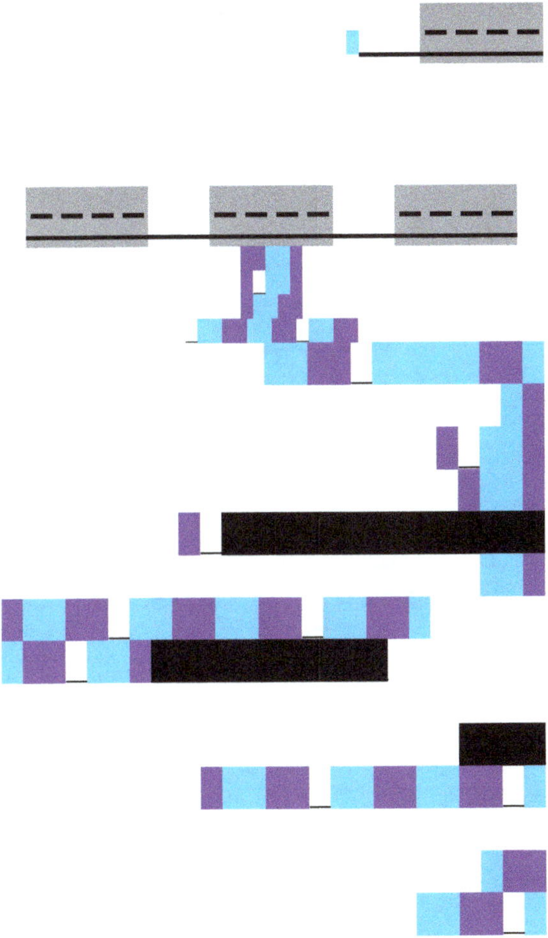

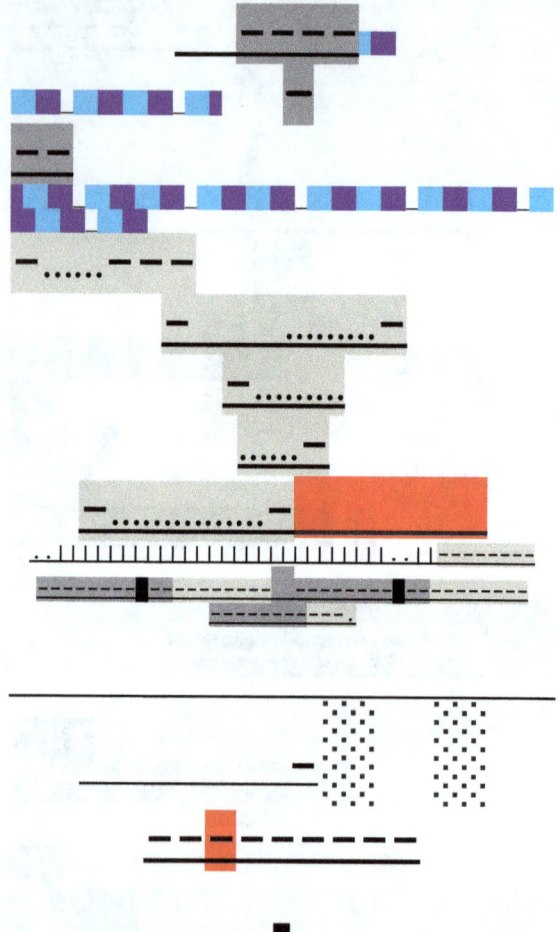

54

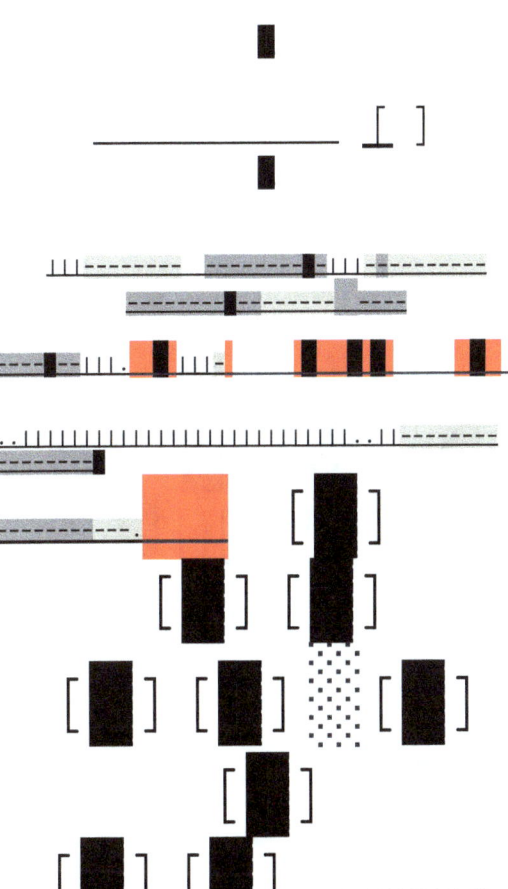

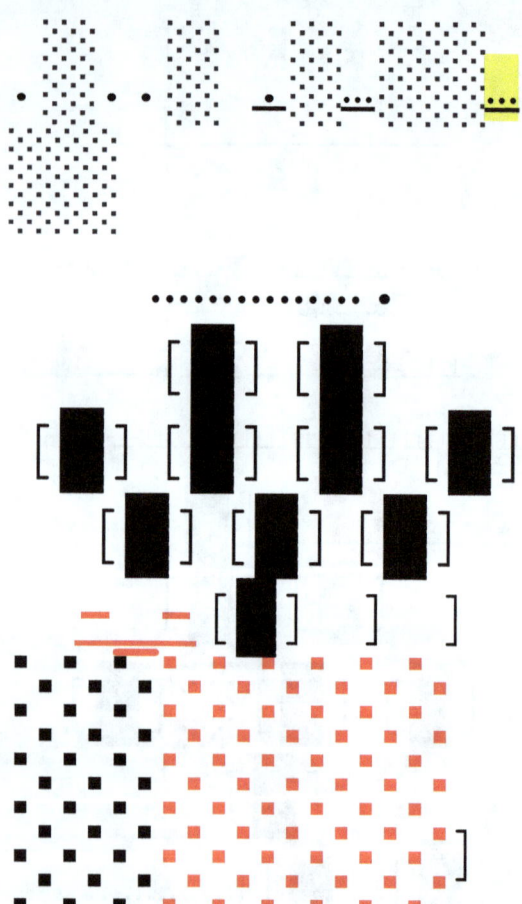

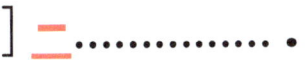

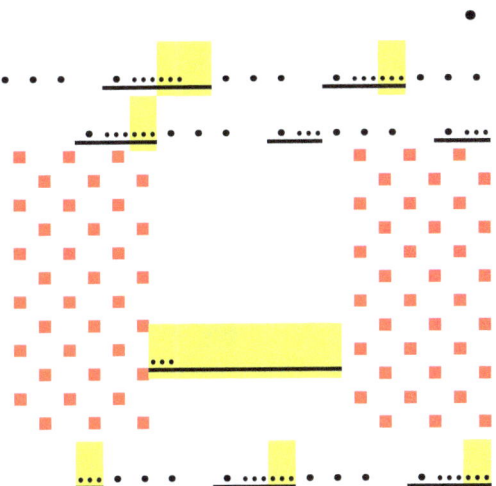

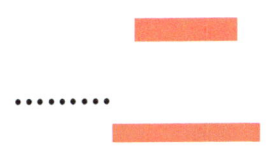

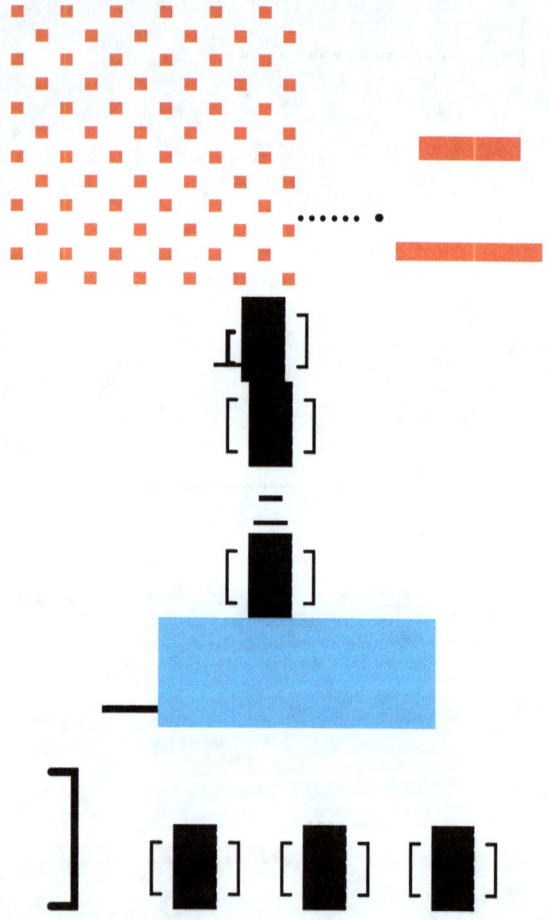

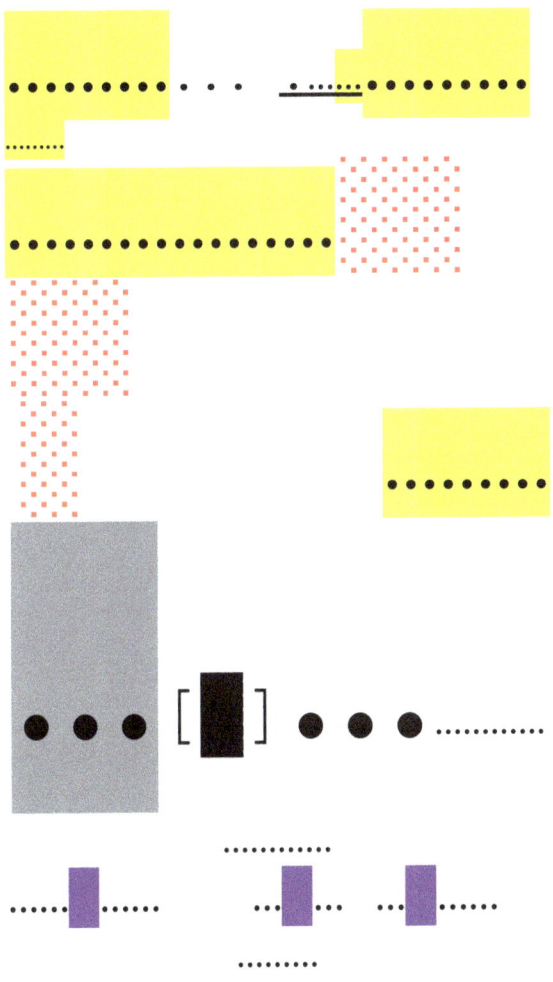

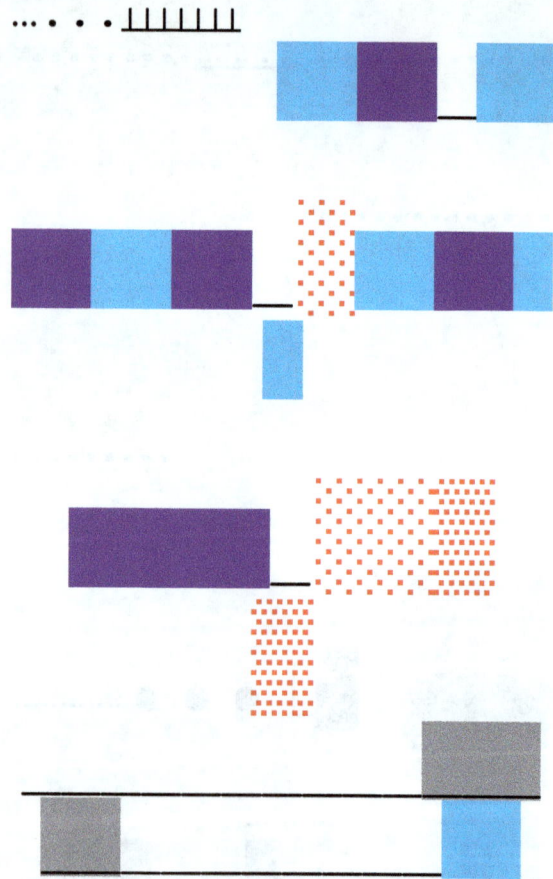

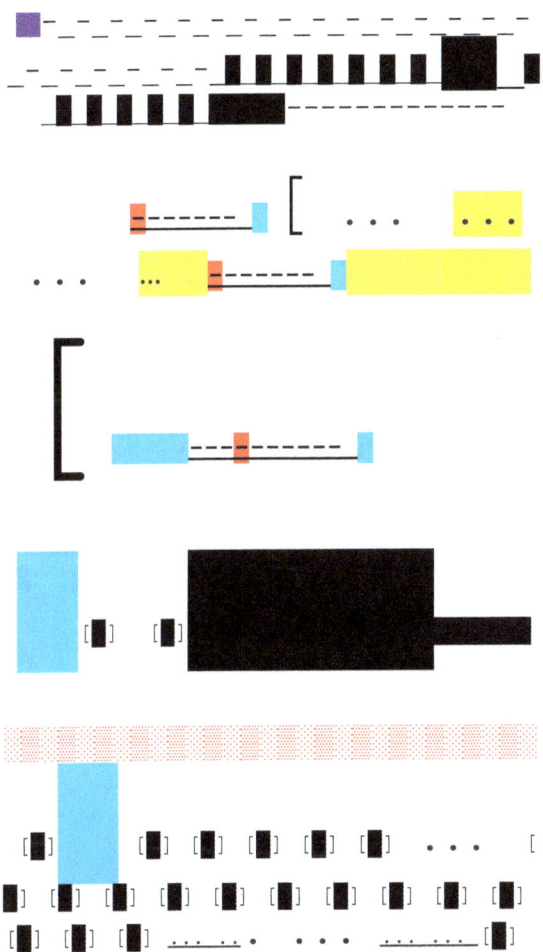

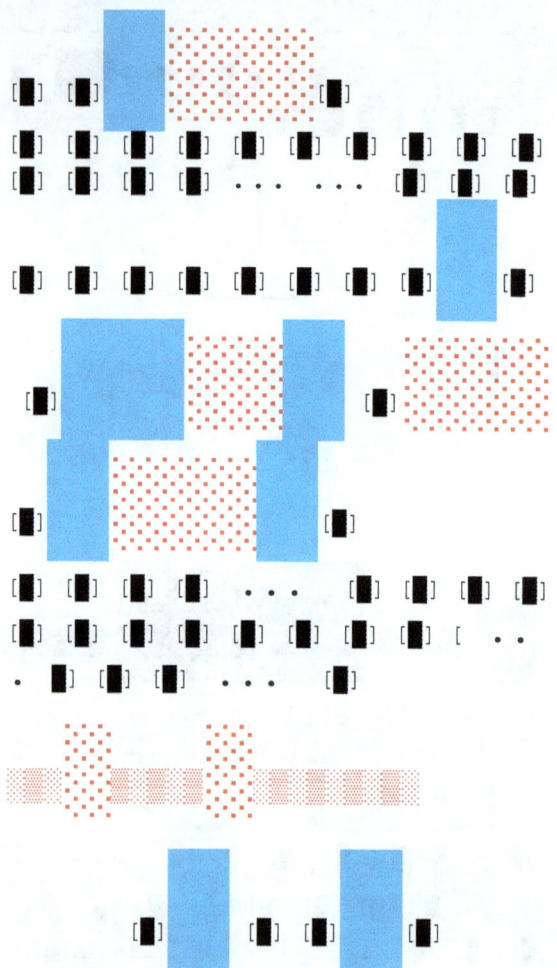

62

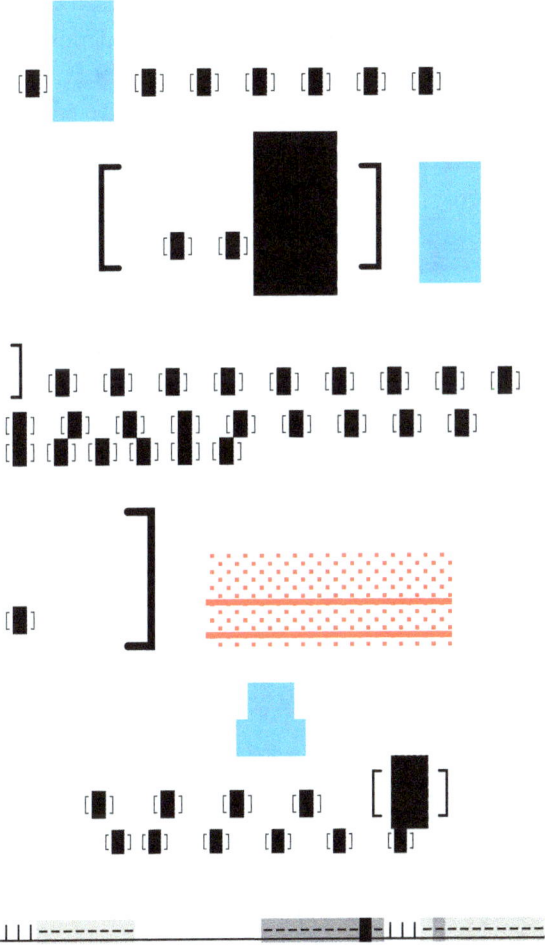

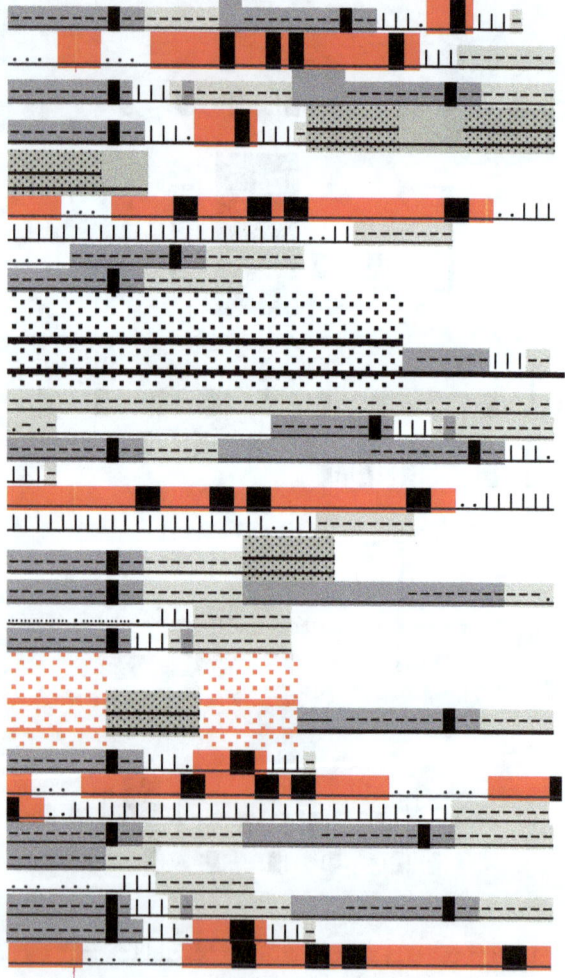

64

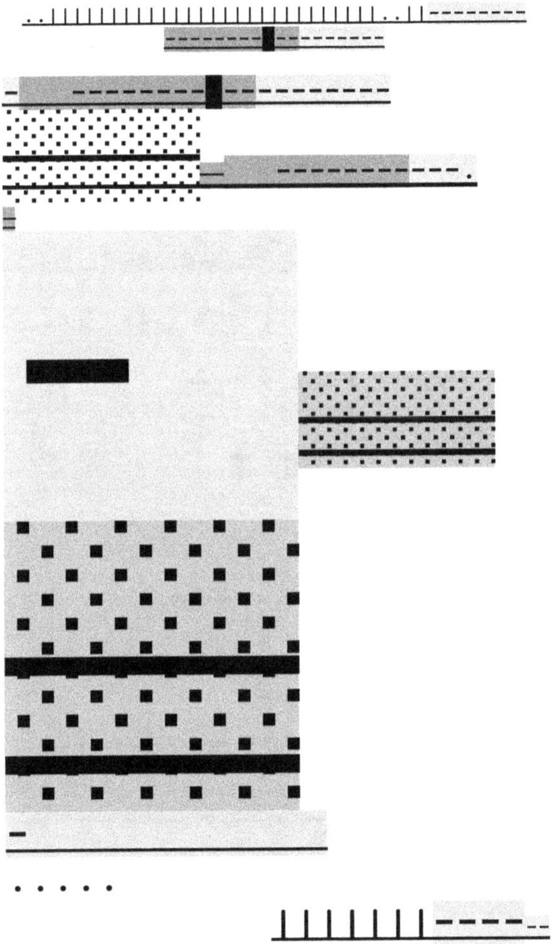

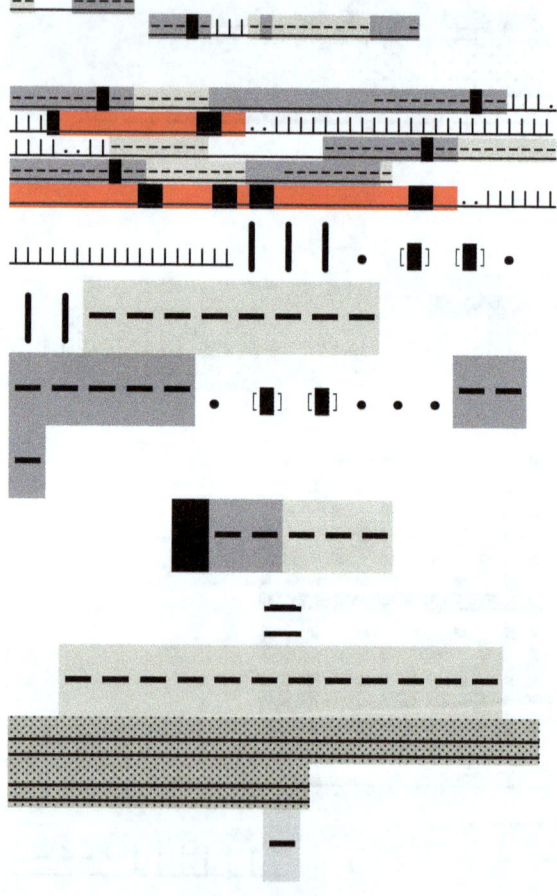

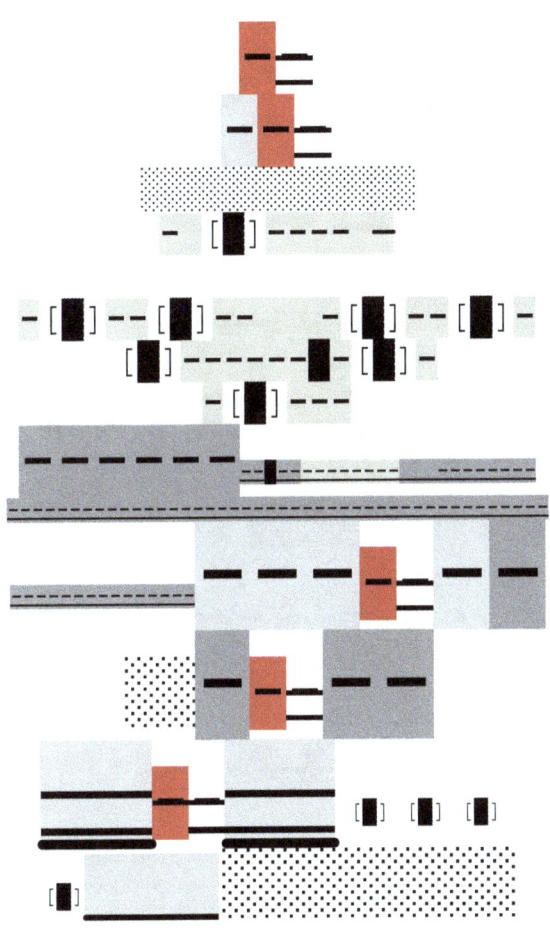

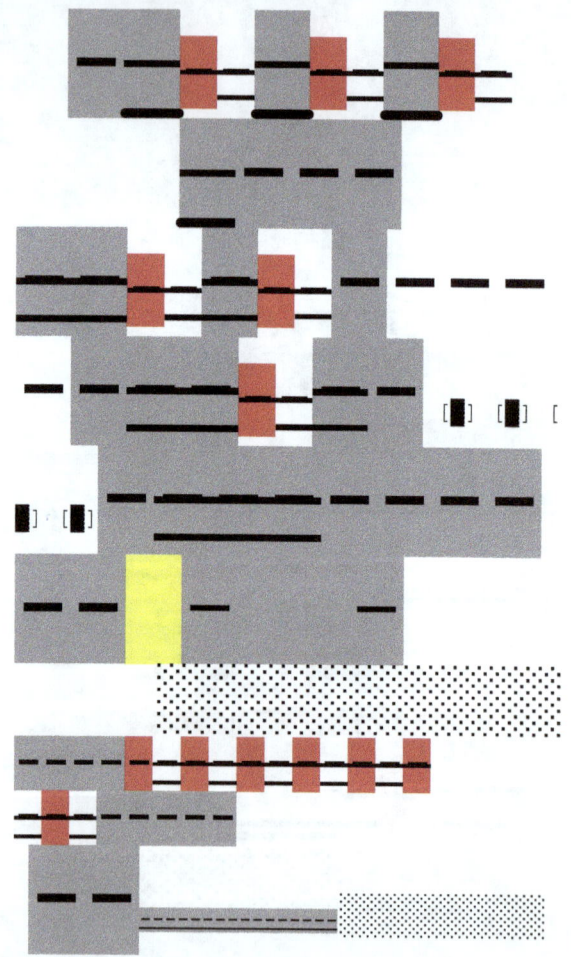

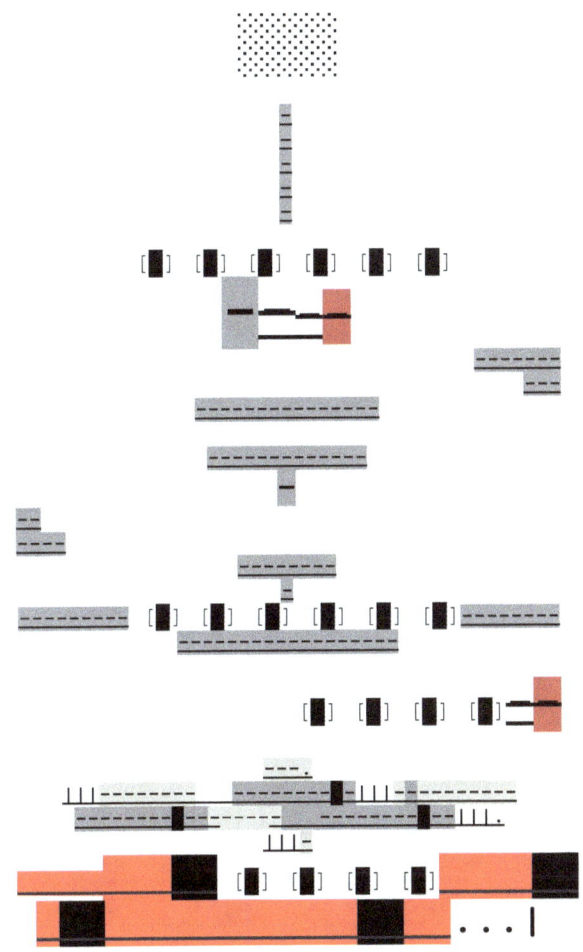

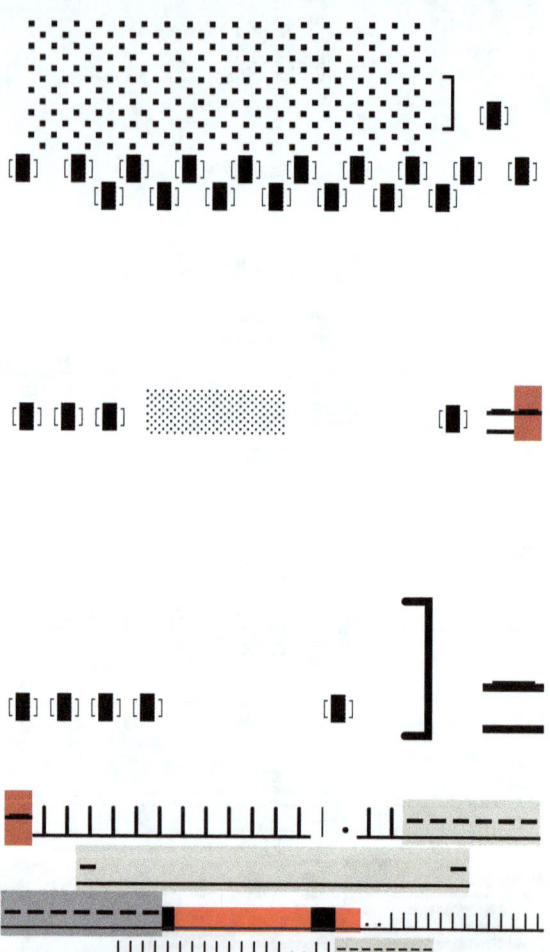

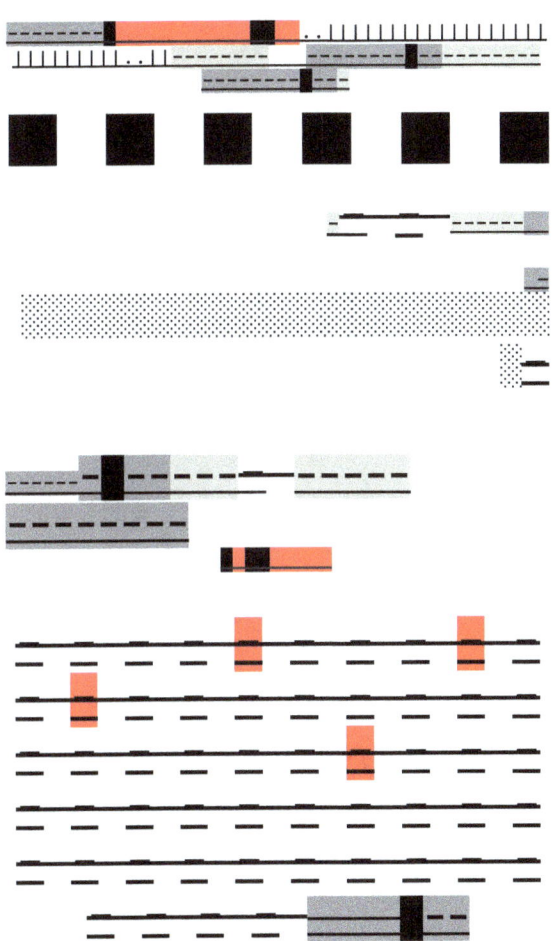

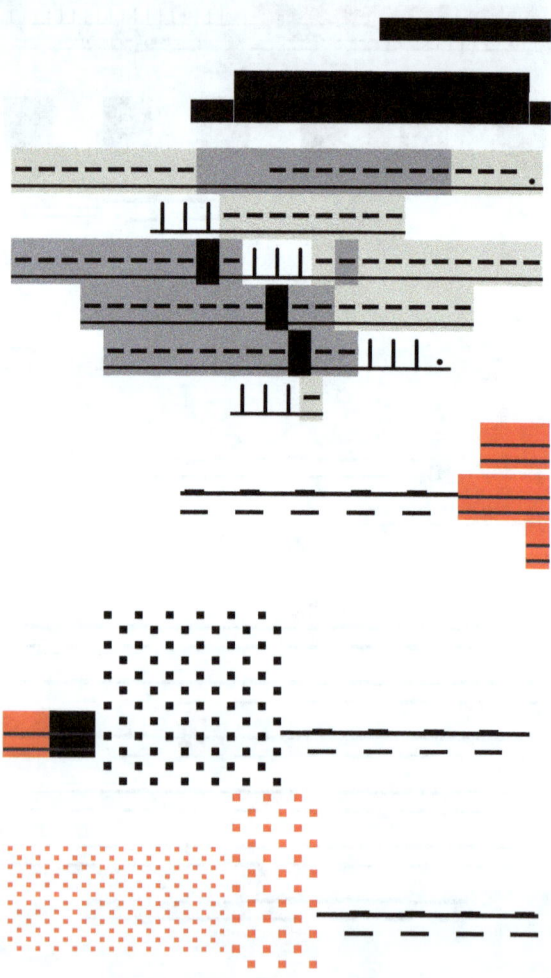

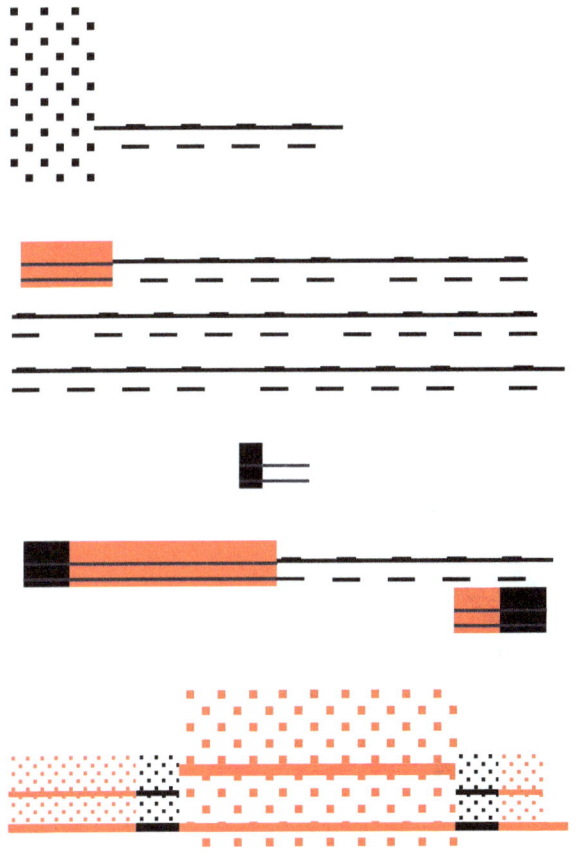

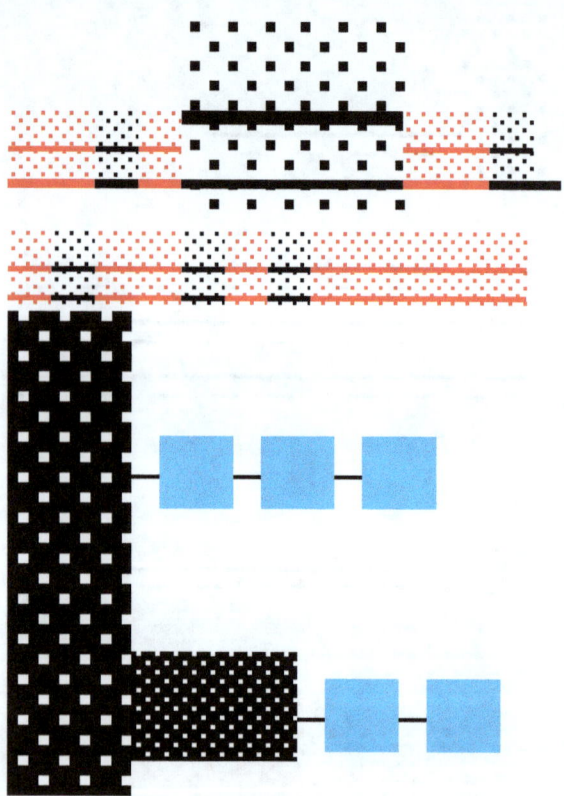

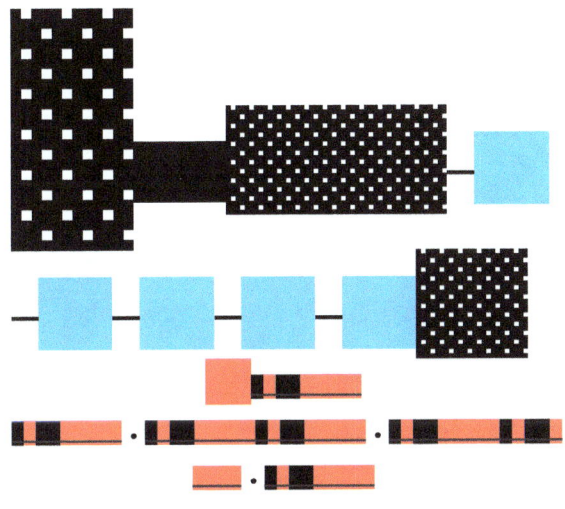

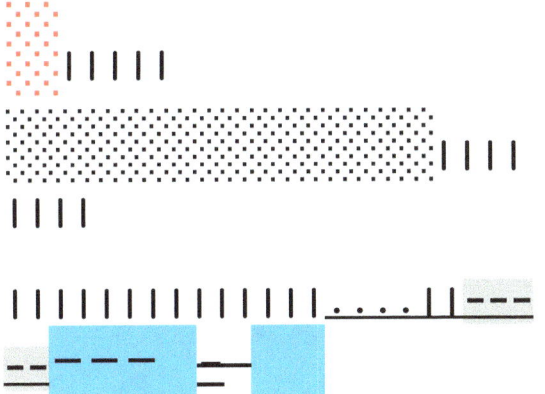

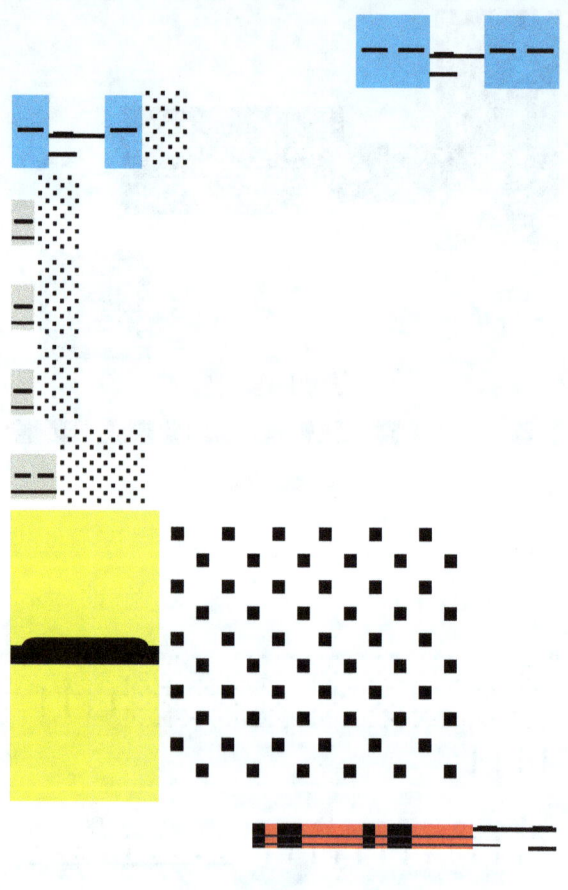

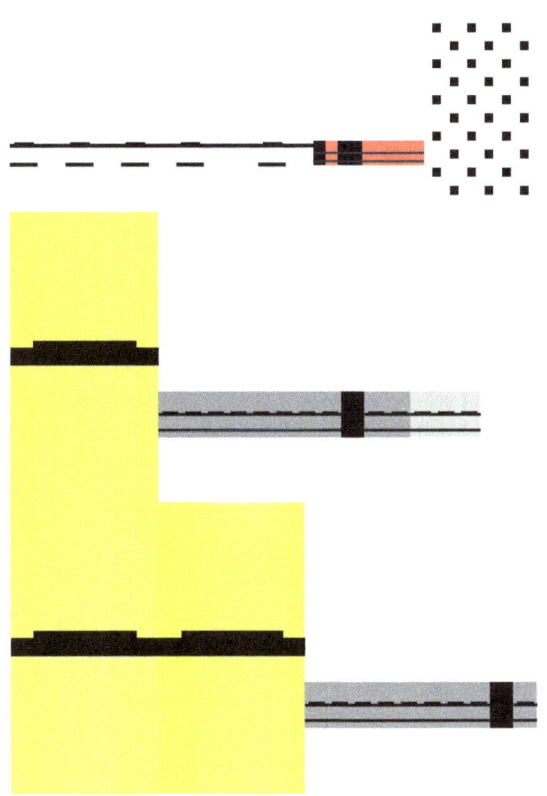

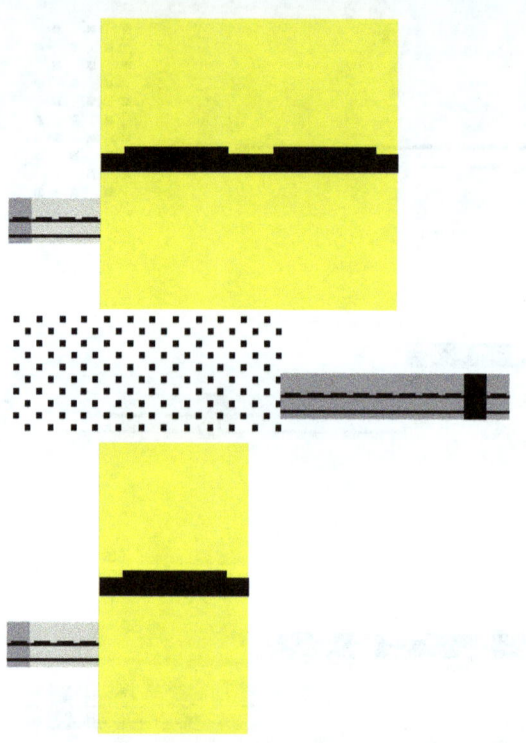

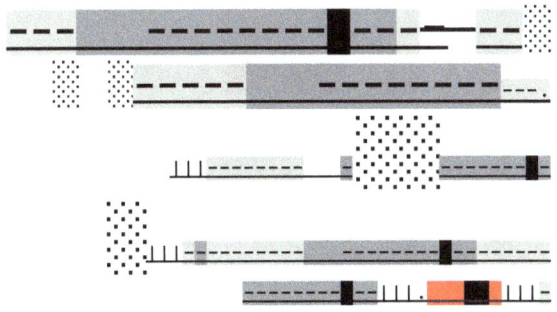

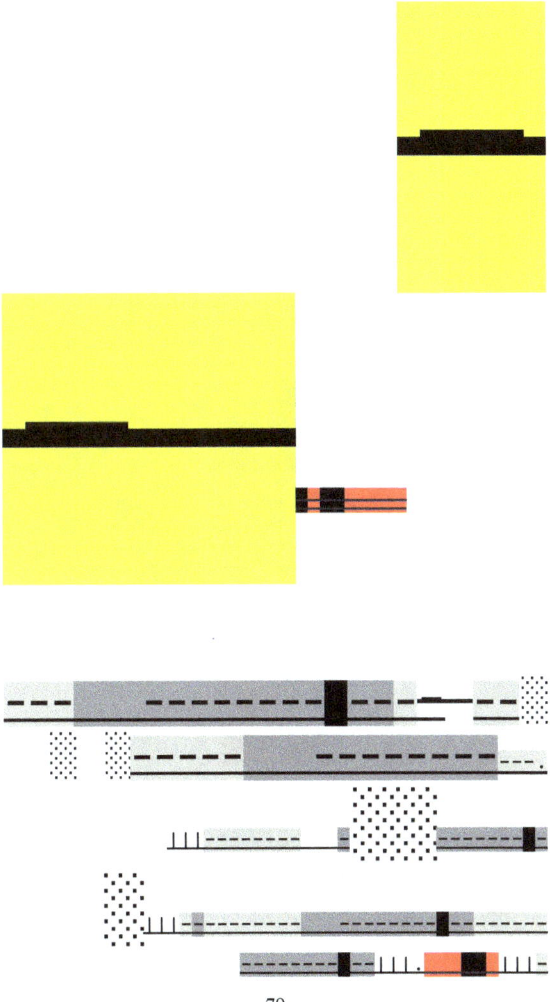

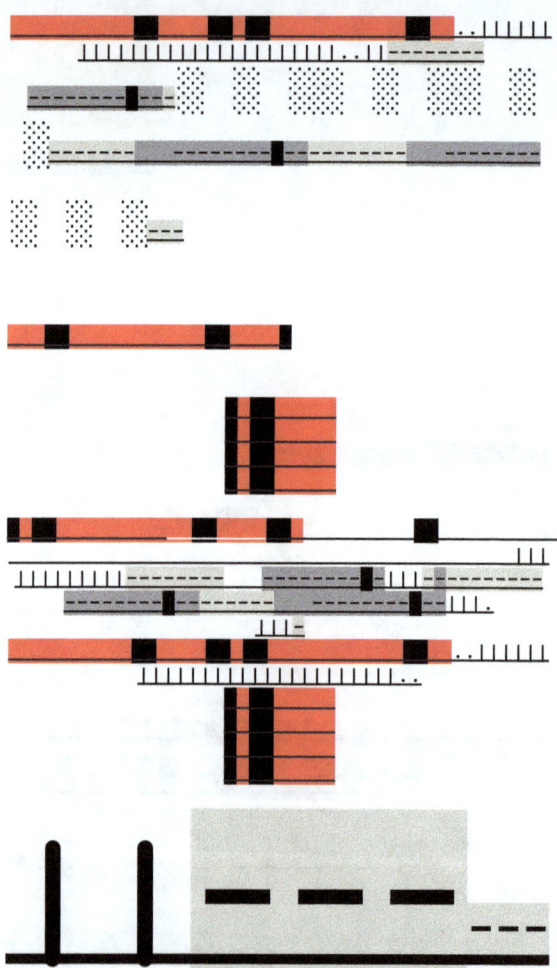

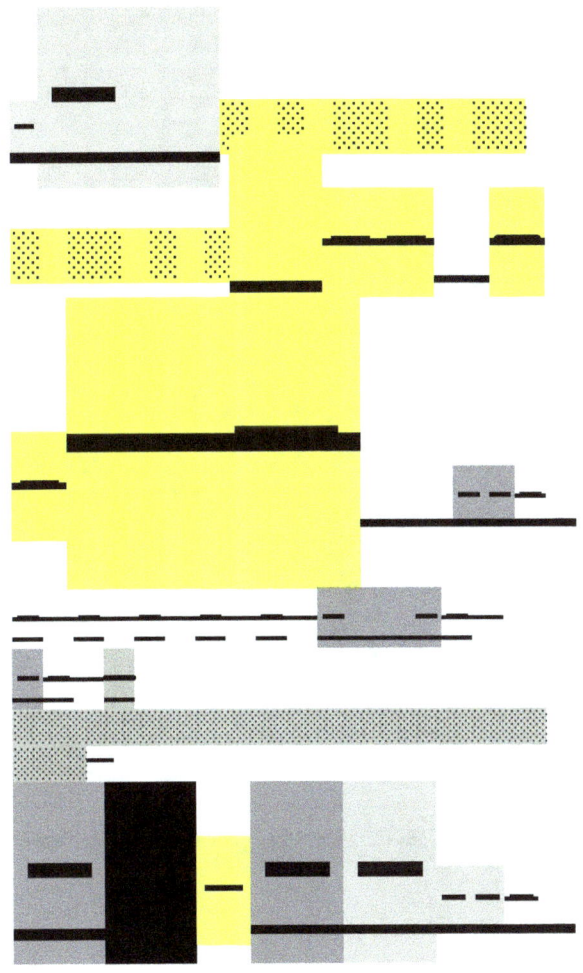

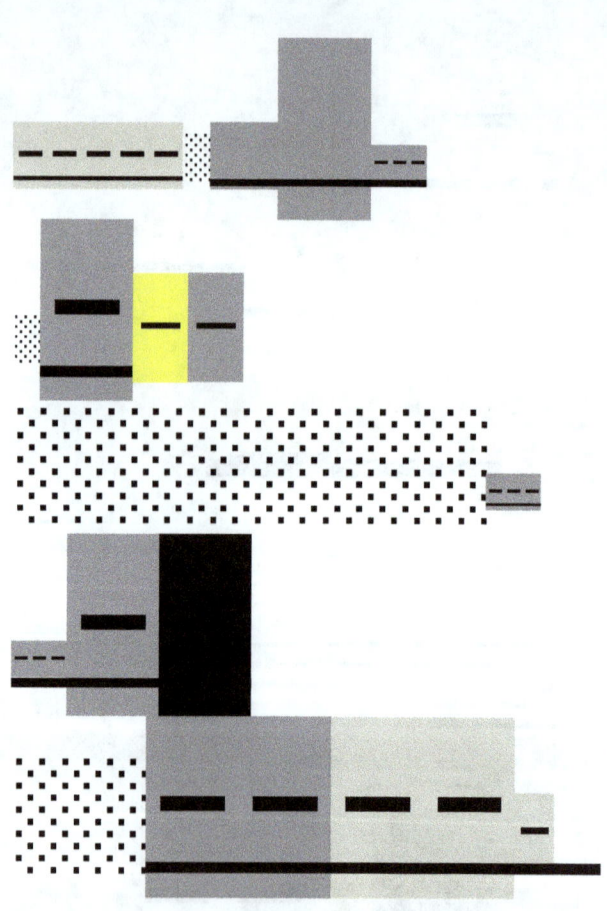

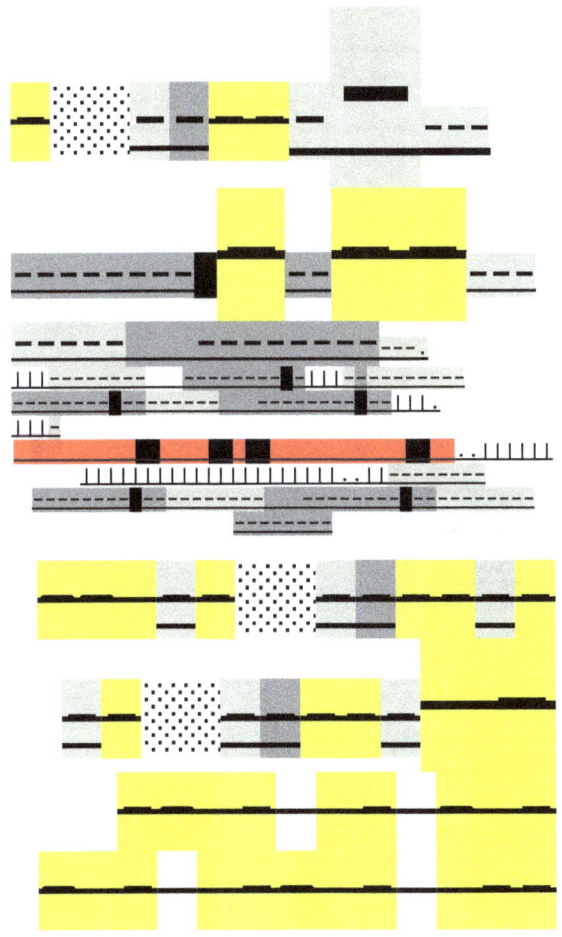

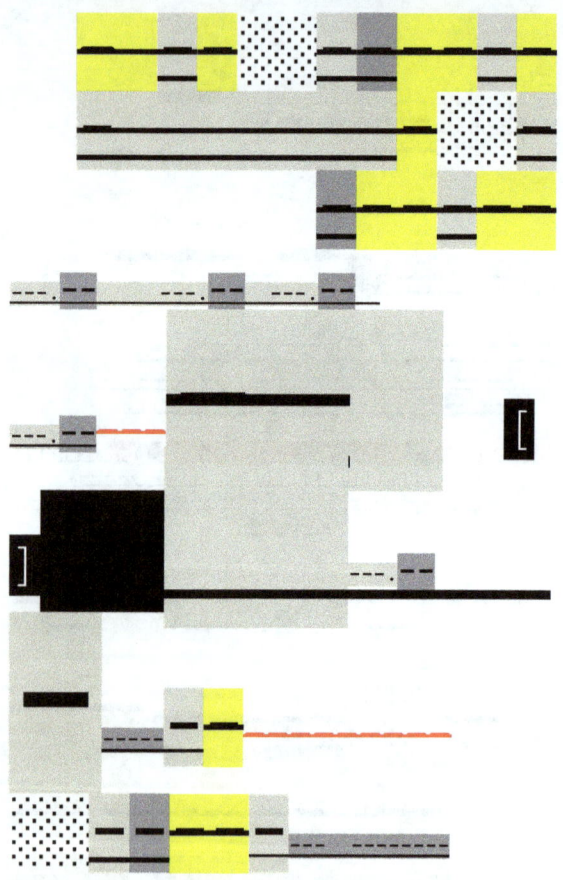

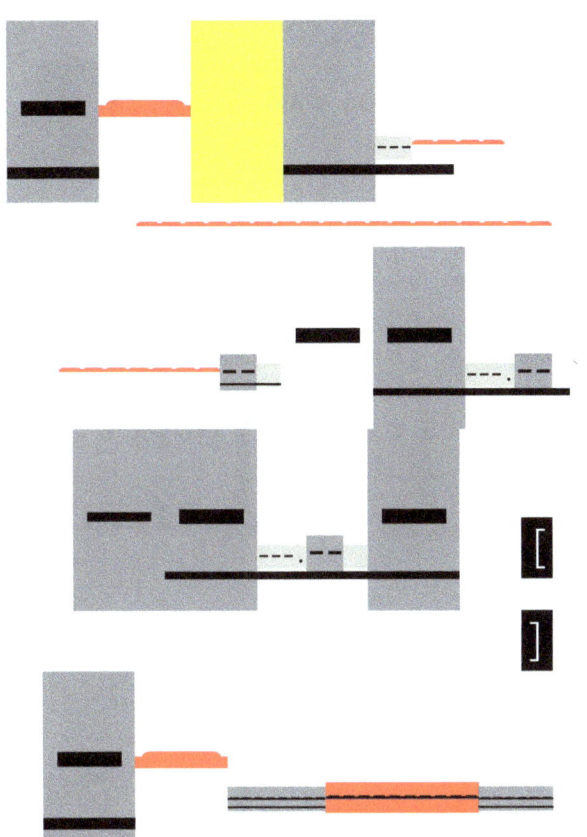

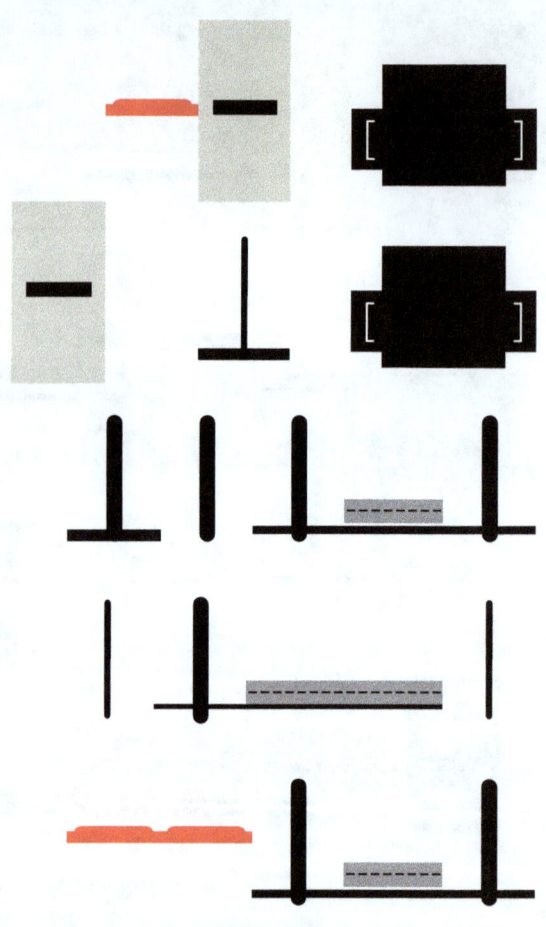

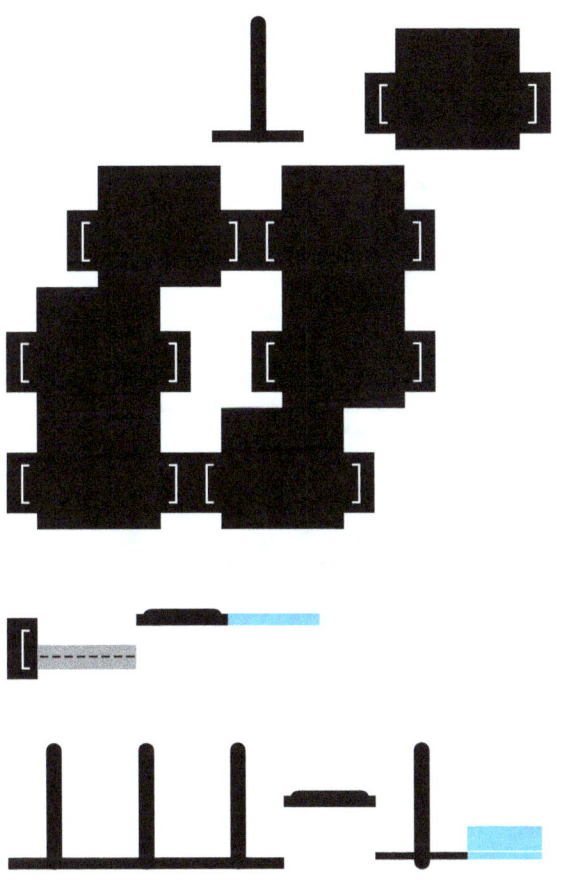

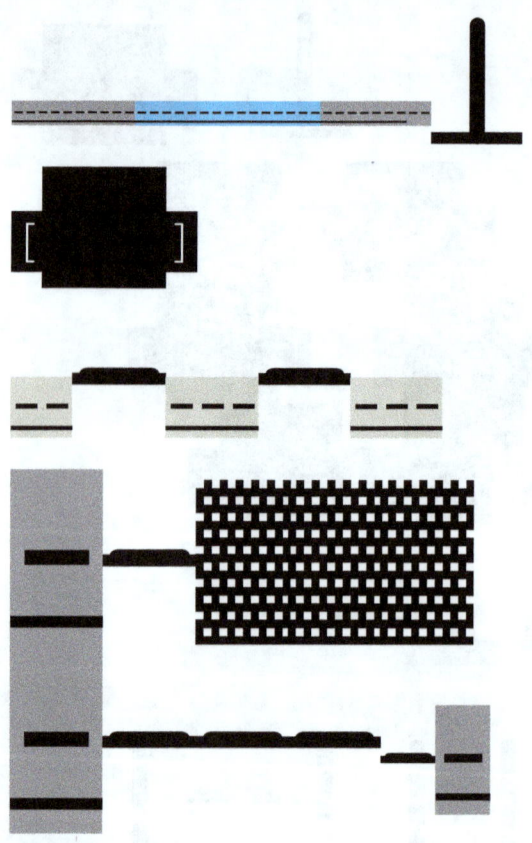

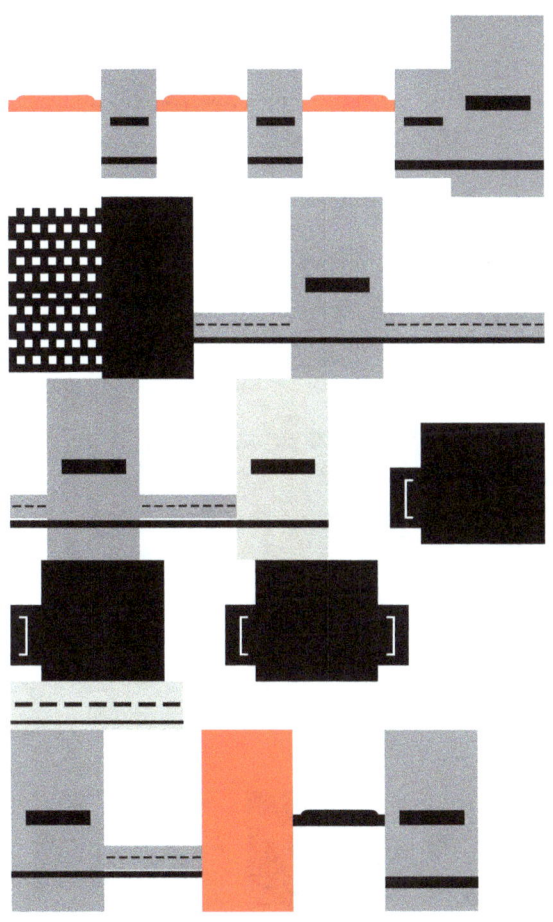

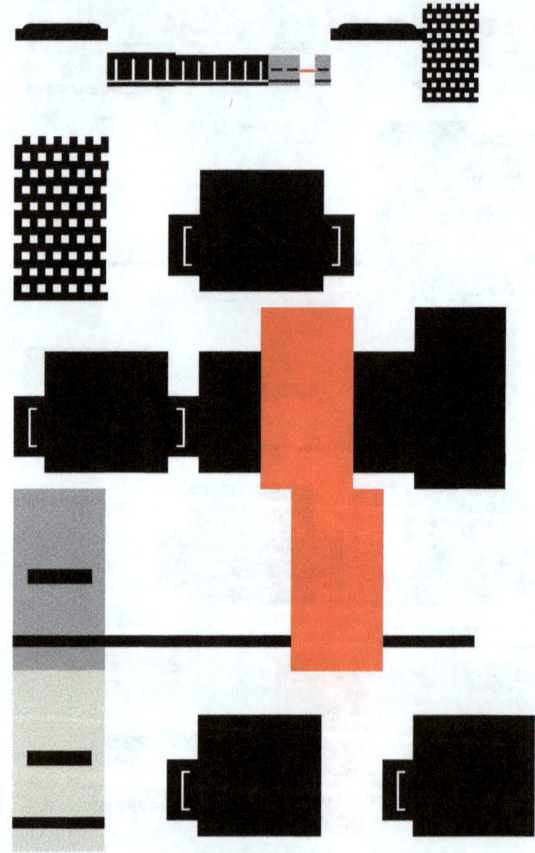

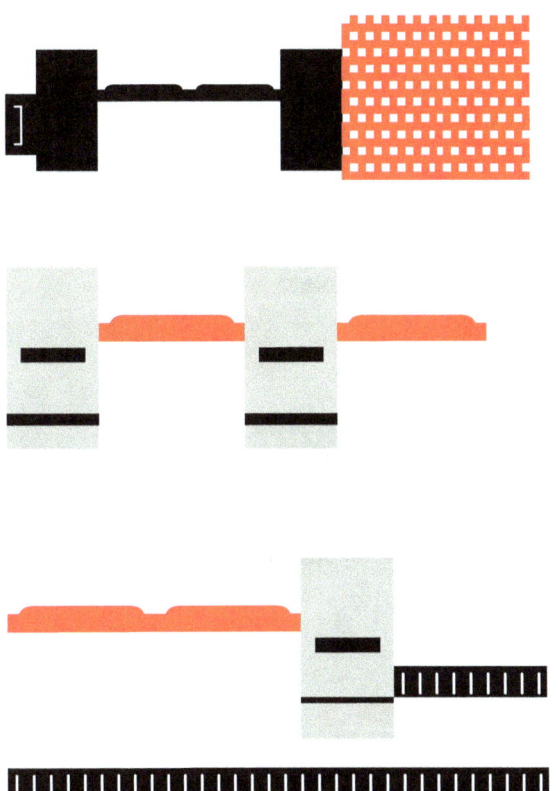

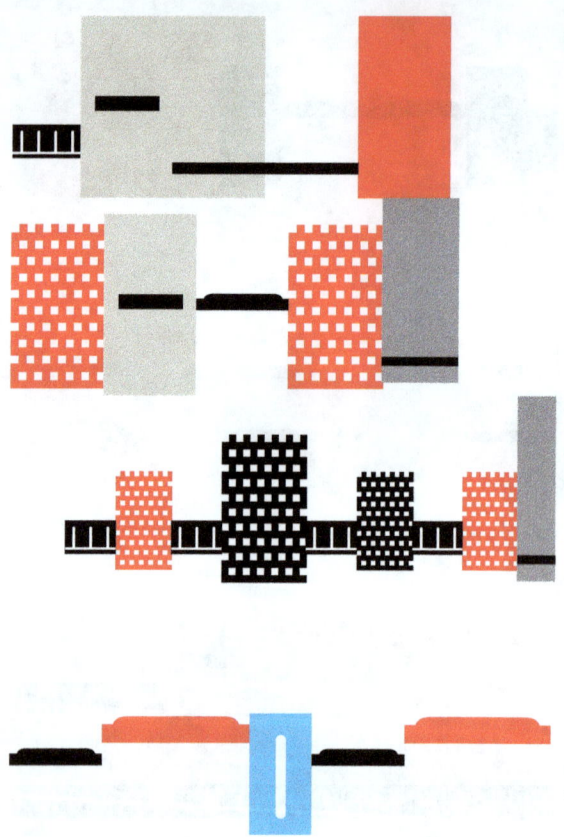

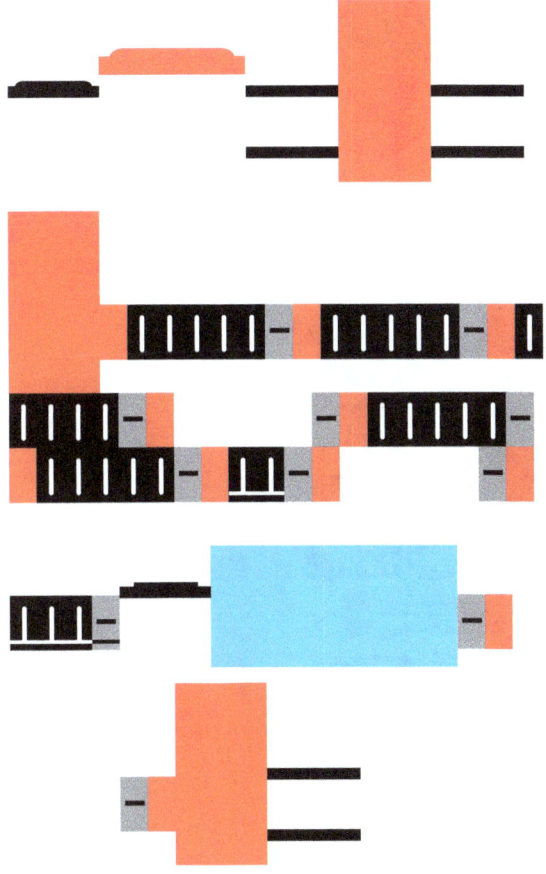

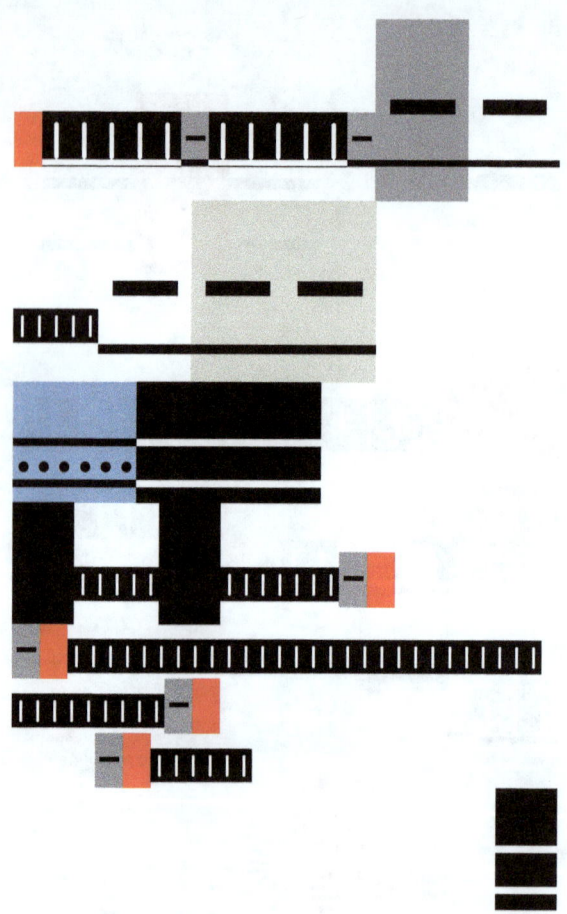

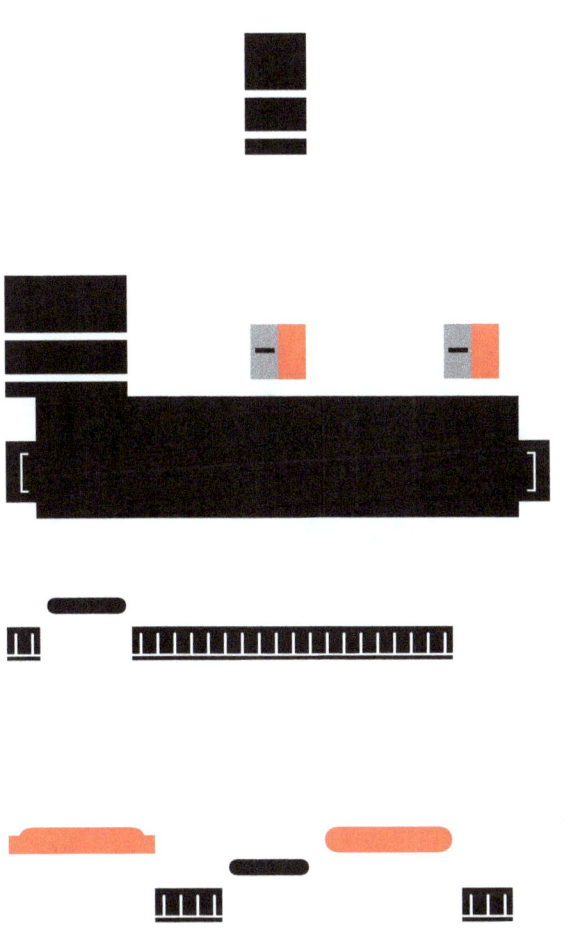

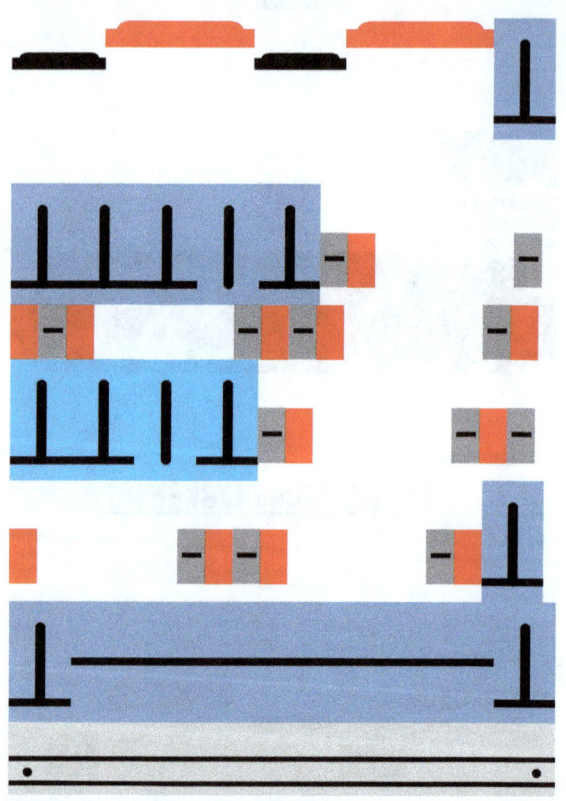

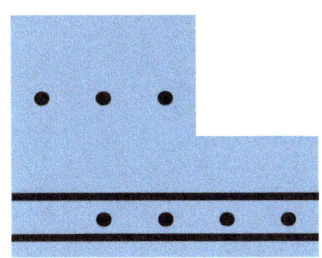

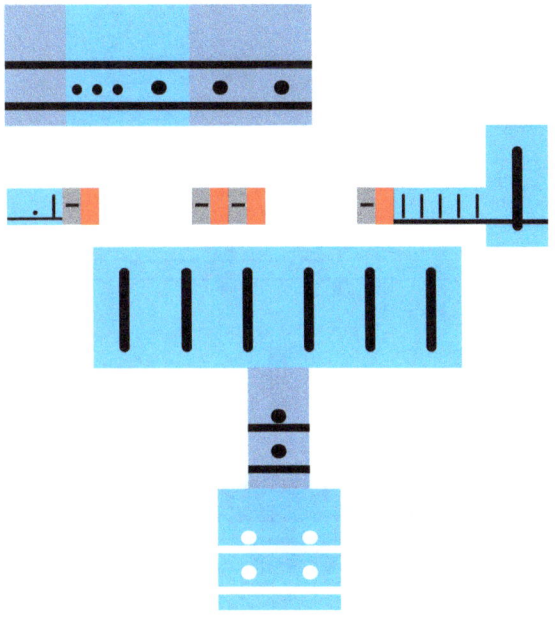

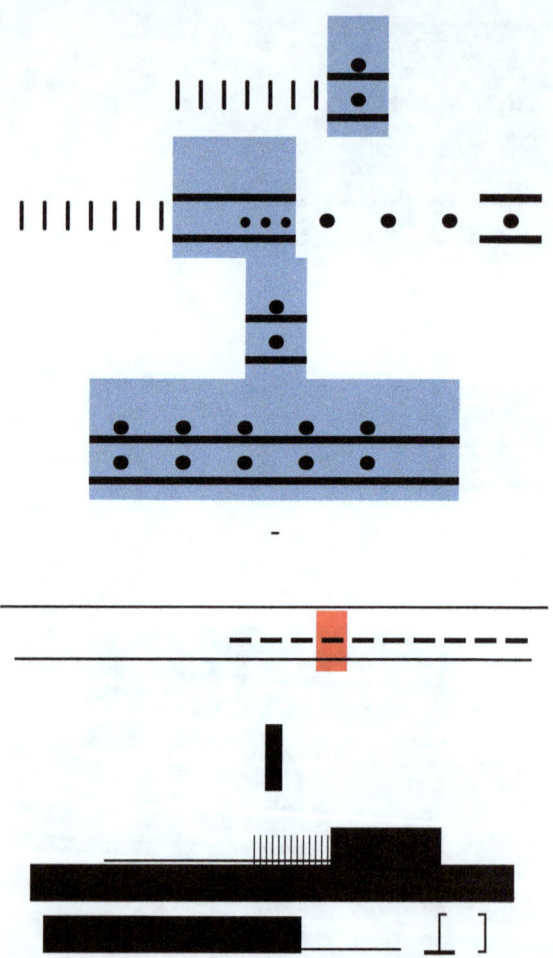

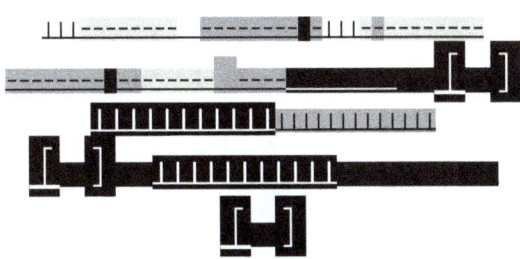

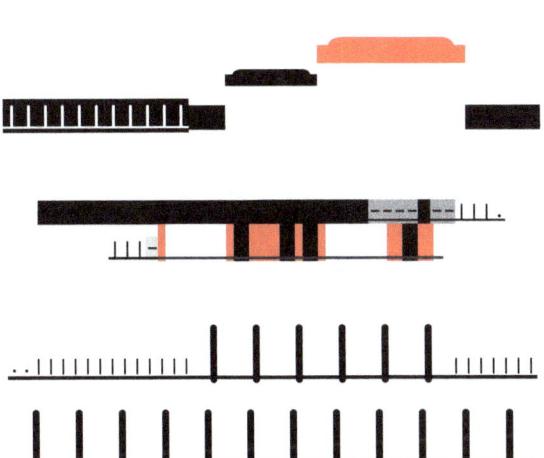

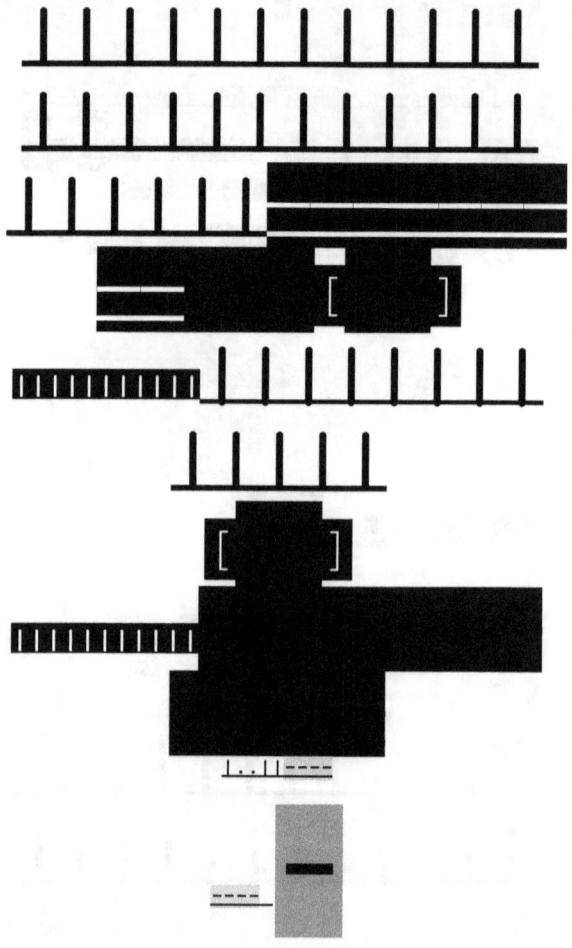

100

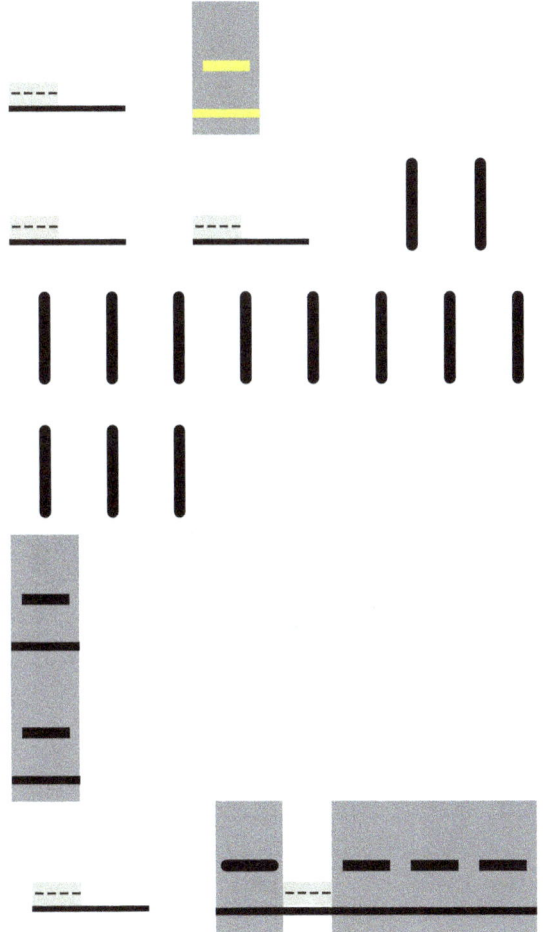

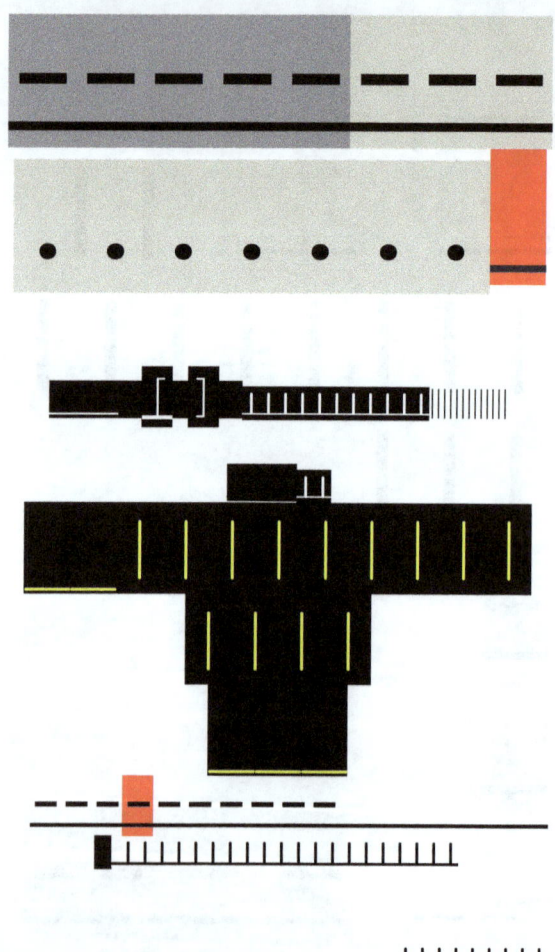

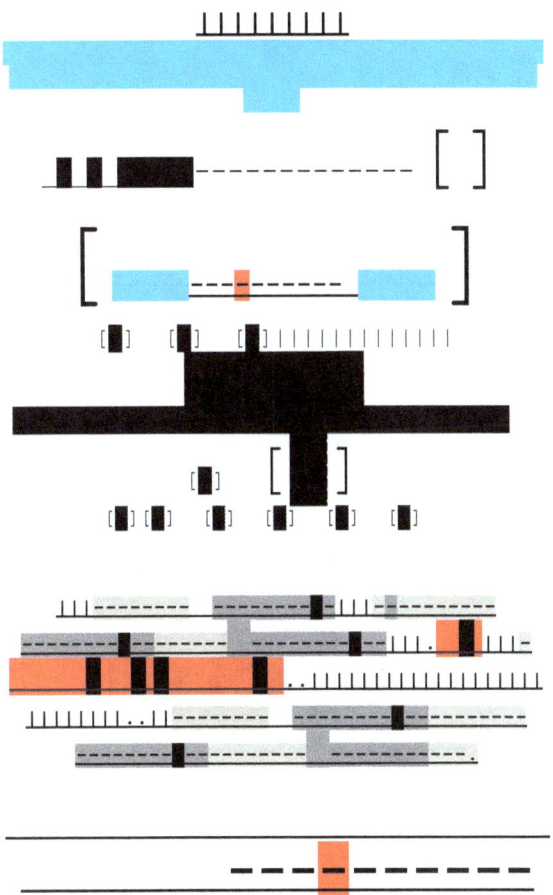

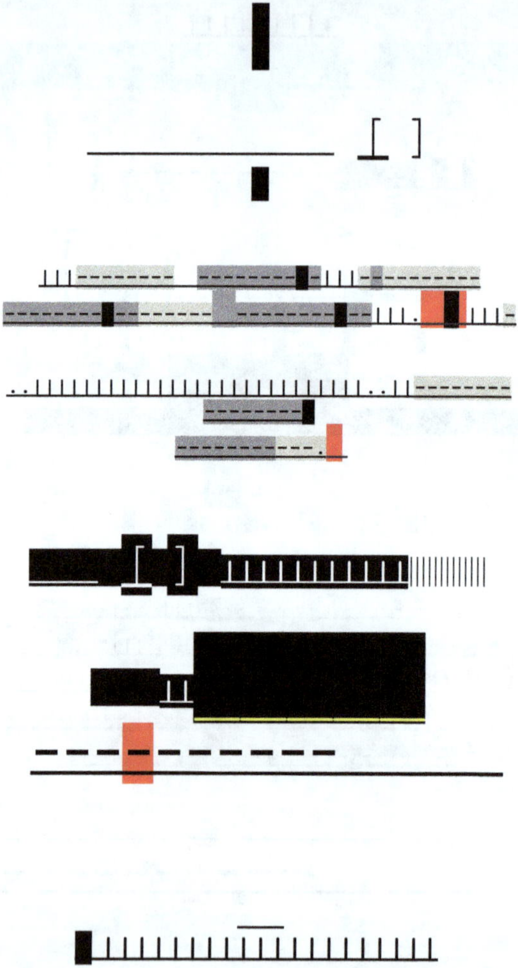

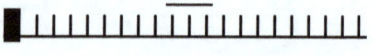

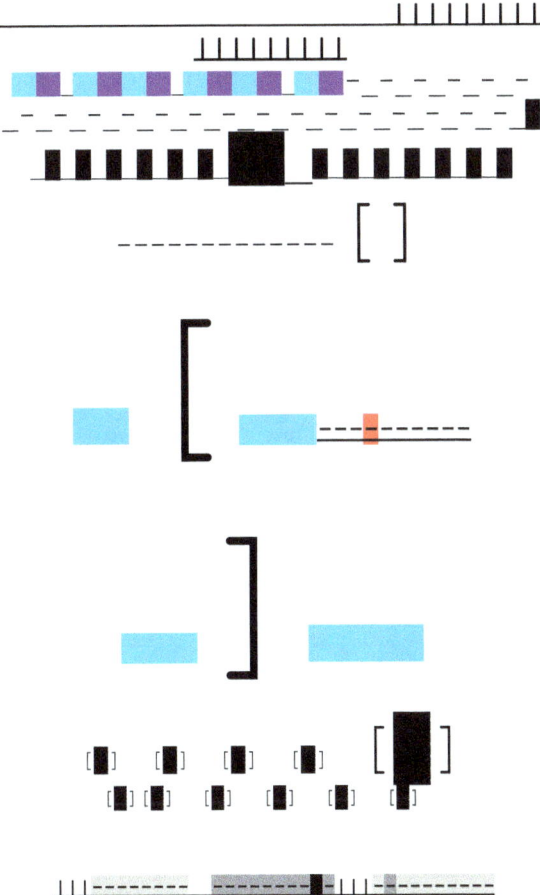

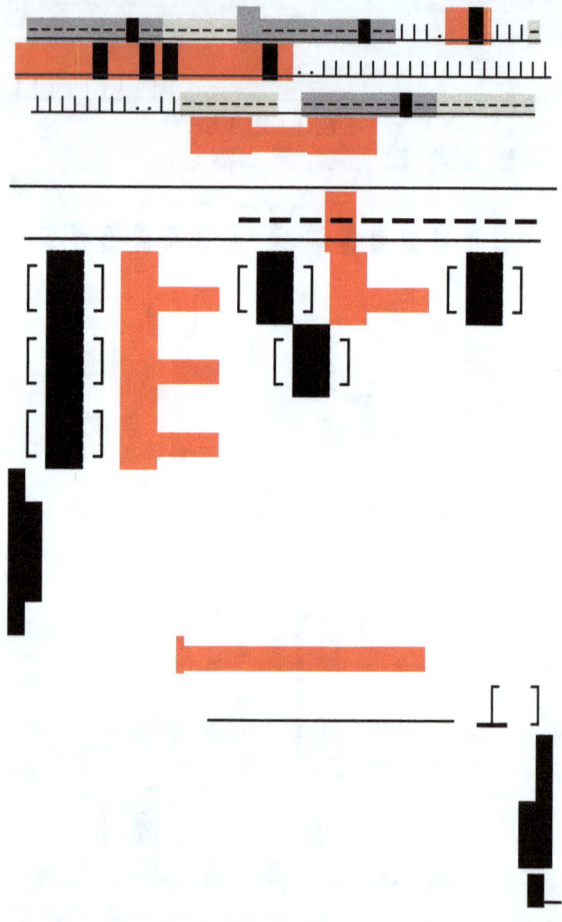

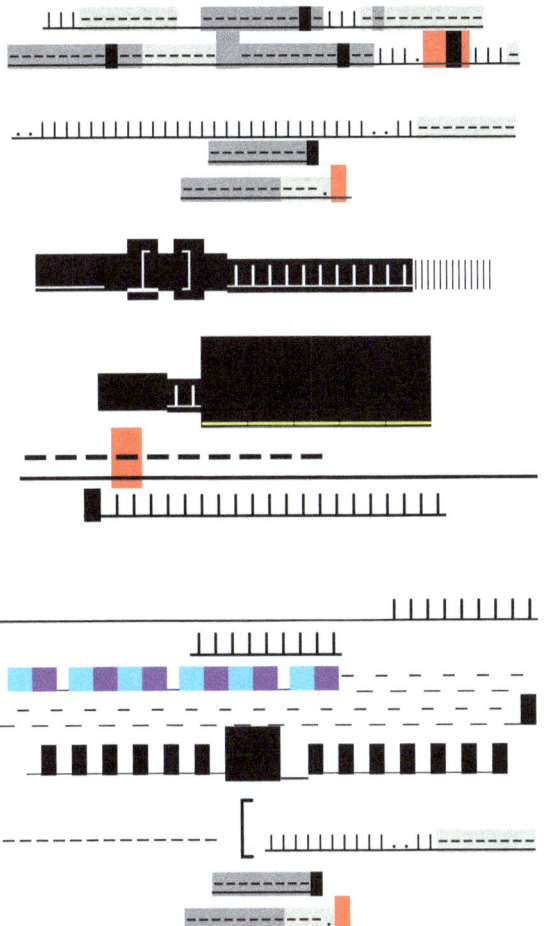

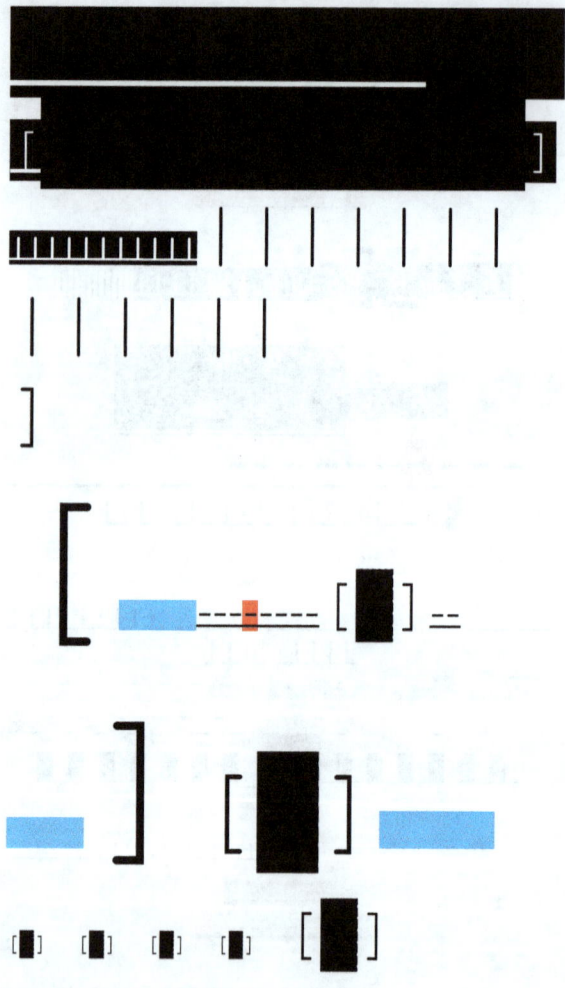

108

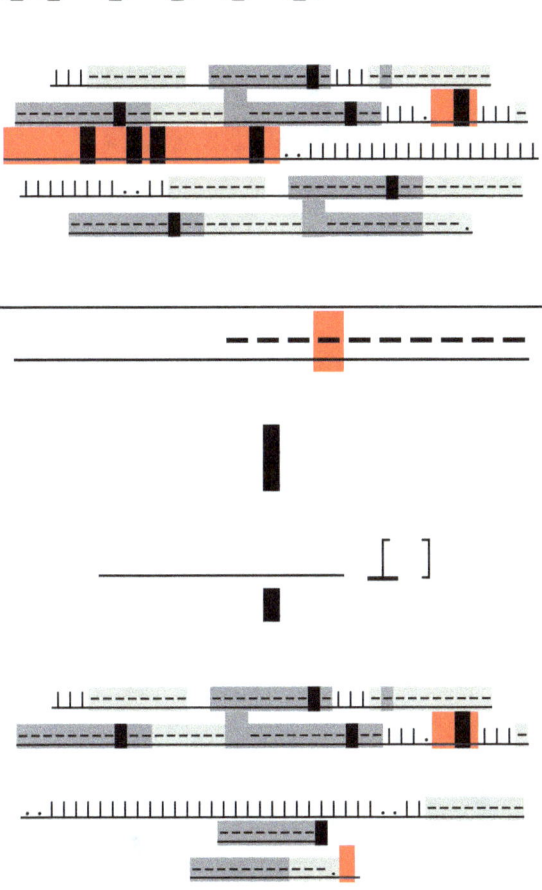

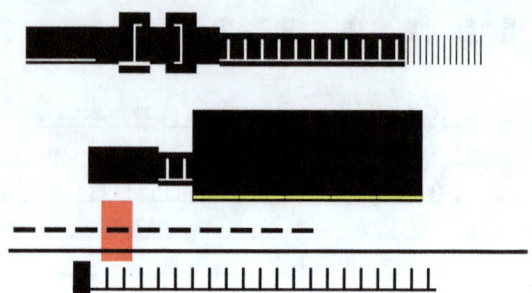

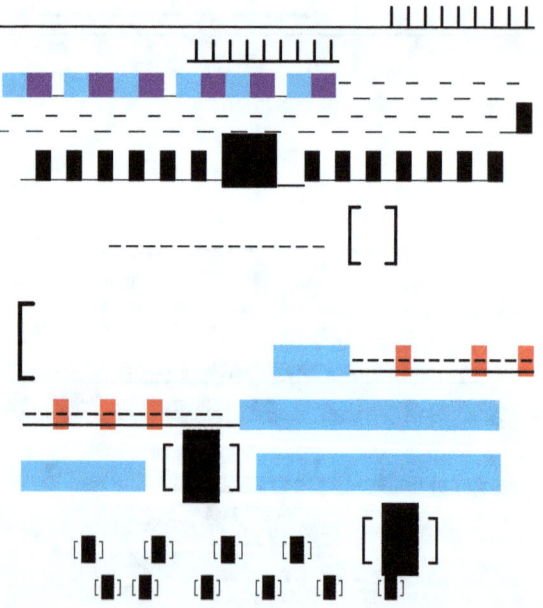

110

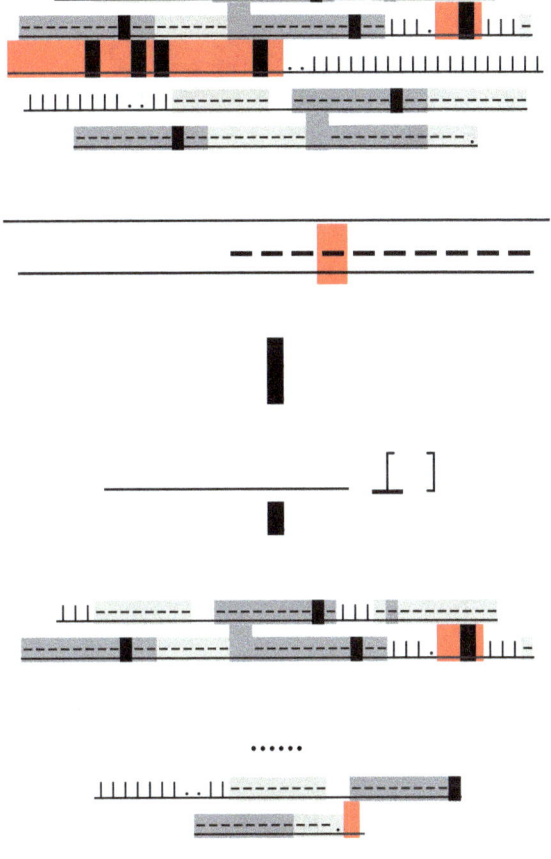

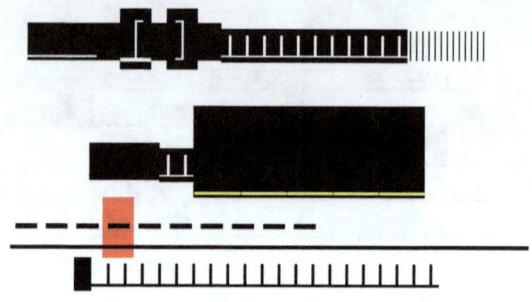

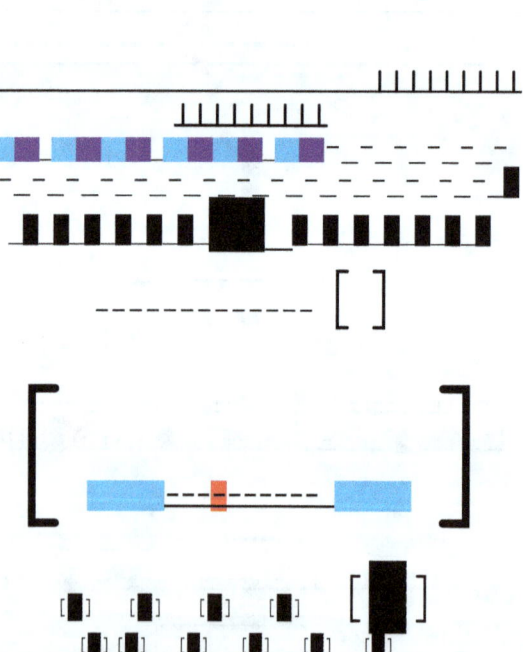

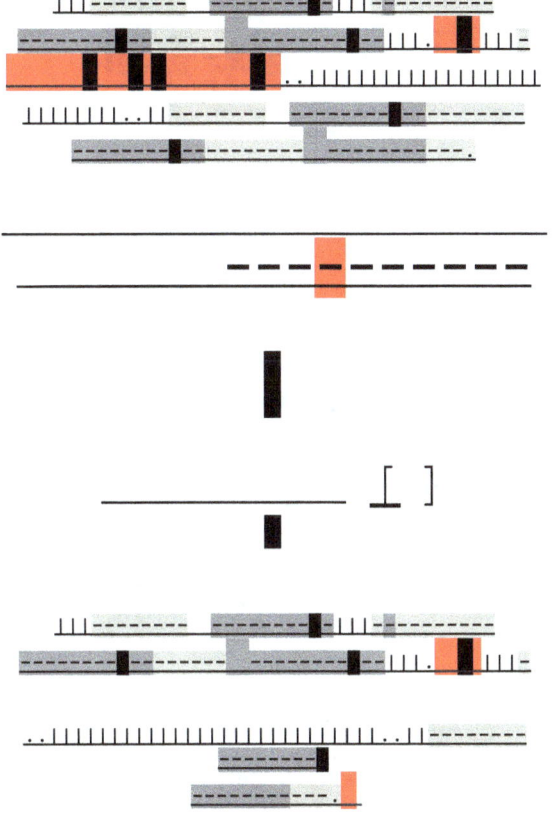

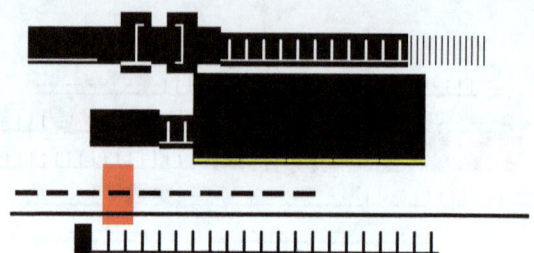

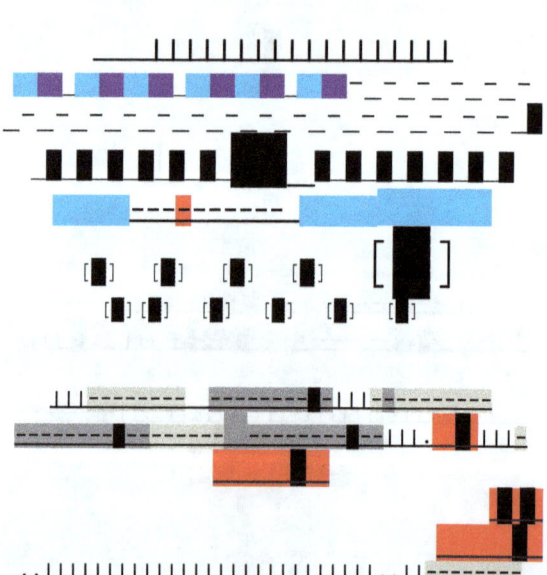

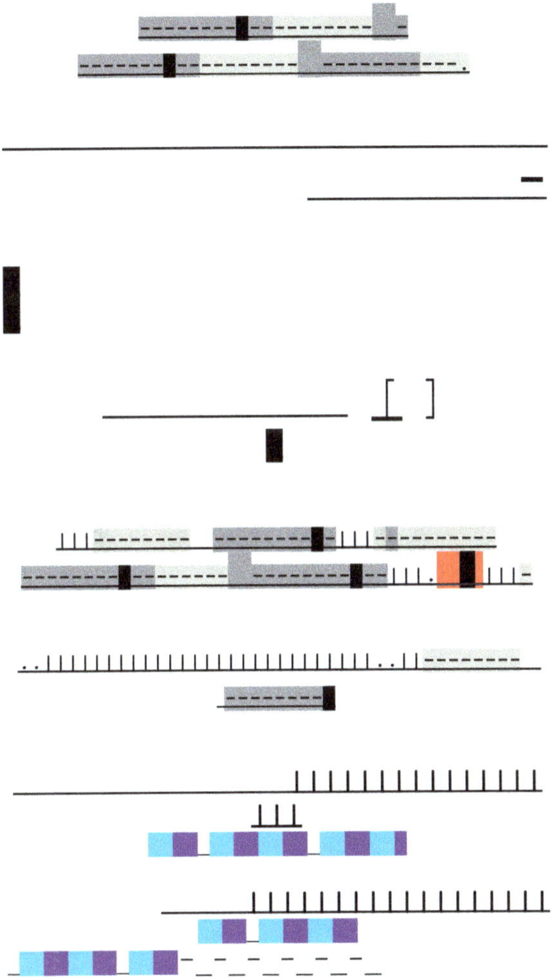

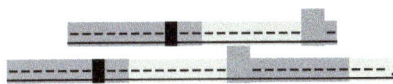

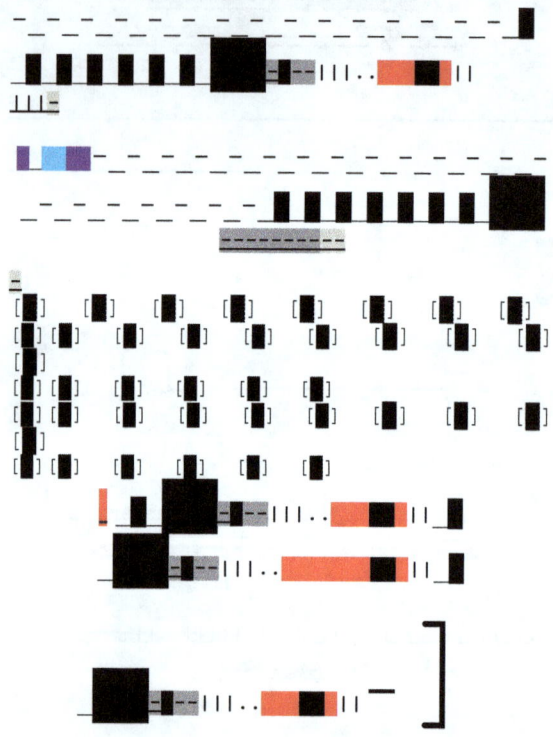